진정한 자아 그리스도는 진정한 자아의 살아있는 원형입니다

지은이	권오균
초판발행	2023년 4월 28일
펴낸이	배용하
책임편집	편집부
등록	제364-2008-000013호
펴낸곳	도서출판 대장간
	www.daejanggan.org
등록한곳	충청남도 논산시 가야곡면 매죽헌로1176번길 8-54
대표전화	(041) 742-1424 전송 (0303) 0959-1424
분류	기독교	상담	치유
ISBN	978-89-7071-614-5 03230

 값 13,000원

진정한 자아

그리스도는 진정한 자아의 살아있는 원형입니다

Selfhood in the Image of God:
Christ is my living Prototype

권오균 지음

벌은 일하러 갈 때 춤을 추고,

대화할 때 춤을 추고,

집으로 돌아올 때도 춤추니

벌의 꿀은 달다.

성령과 하나 된 우리의 영은

그의 손을 잡고 끝없는 사랑의 춤을 춘다.

하나님은 마주한 우리를 보시며

기쁨을 이기지 못하여 하신다.

우리가 주의 영 안에서 주의 얼굴을 보며

그와 같은 형상을 이루어 갈 때,

모든 상처는 아물고 온전케 된다.

차/례

제1장 • 참 자아 발견의 중요성

누구든지 제 목숨을 구원하고자 하면 잃을 것이요 누구든지 나를 위하여
제 목숨을 잃으면 찾으리라. 사람이 만일 온 천하를 얻고도 제 목숨을 잃
으면 무엇이 유익하리요 사람이 무엇을 주고 제 목숨과 바꾸겠느냐.(마
16:25-26)

　　노벨 문학상을 받은 루이즈 글릭(Louise Elizabeth Gluck)은 자아 발견의
중요성을 시로 썼다.[1]

내 마음 속에서 나는 보이지 않는다. 내가 위험한 이유다.

자아가 없어 보이는 나와 같은 사람들,

우리는 불구자고 거짓말쟁이다.

진리를 위해

우리는 인수분해 되어야 할 것들이다.

내가 조용할 때 그때 바로 진리가 출현한다.

청명한 하늘, 흰 섬유 같은 구름

그 아래 작은 회색 집,

불그스름하게 선명한 연분홍색 진달래

우리의 진정한 자아는 하나님과의 끊을 수 없는 깊고 조용한 사랑의 관계에서 드러난다.

이 자아는 하나님의 형상이요 영광이다. 그러나 그 형상을 훼손하거나 잃은 장애인들이 많다. 단테(Dante Alighieri)는 『신곡』(The Divine Comedy) 서두에 "우리 인생 여정의 한가운데서 나는 어두운 숲속에서 헤매고 있는 자신을 발견했다"고 하였는데, 다음은 자신의 본질을 잃고 헤매는 수많은 사람 중 한 상담 사례이다.

저는 불교 가정의 일곱 번째로 태어났으며 가정환경이 경제적 여유가 없어 형제들은 서로 다투었고 먹는 것과 입는 것 등 모든 것을 경쟁하며 자랐습니다. 사랑을 받지도 배우지도 못했고 더군다나 부모님이 연로하셔서 경제권이 없었기 때문에 저는 늘 귀찮은 존재요, 구박덩어리로 자랐습니다. "너만 없었다면…" "너를 안 낳으려 했어." "너 때문에 부모님이 한숨 쉬잖아." 늘 이런 원망의 소리를 듣고 살았습니다. 그래서 저는 부모님이나 형제에게 항상 미안한 생각과 죄책감에 시달렸으며 내 존재에 대해 괴로워했습니다. 차라리 눈에 띄지 않는 것이 좋을 것 같아 자살도 수없이 생각했습니다.

그러던 가운데 청년 때에 예수님을 영접하게 되었고, 주님의 사랑에 많이 울었습니다. 그때 저는 남편을 만나 사랑에 빠졌고 파출부, 노동, 도배 장판 등 닥치는 대로 일을 하며 남편의 신학을 도왔고 항상 고마워하는 남편과 제 성취감에 행복한 나날을 보냈습니다.

그러나 남편이 목사 안수를 받고 교회 사역을 시작한 시점부터 "이제 나는 필요 없다." "남편이 나를 버릴거야." "나같이 매력 없는 여자가 또 있을까." "성도들은 나를 비웃을 거야." 등등의 생각들이 저를 괴롭히고 불안하게 만들었습니다. 그리고 남편이 신뢰가 안가고 자꾸 의심을 하게 됩니다. 그때마다 남편은 저를 달래다 지쳤고 저는 더 예민해져 있습니다. 남편의 목회에 아무 도움도 주지 못하는 제가 너무 밉고 원망스럽습니다.2

그녀에게는 진정한 자기가 없다. 자기인정도 없다. 스스로 있는 그대로는 사랑받지 못하는 미움덩어리로 자신을 왜곡하여 본다. 무슨 일을 해서 얻는 인정에서 자신의 가치를 찾으려 한다. 아무리 남편을 위해 희생을 했어도 정작 더 도울 일이 없을 때는 거절불안 때문에 우울증에 빠진다. 그녀는 손상되어 일그러진 자아상 때문에 현실을 바로 볼 수 없다. 이 이야기를 들으면서 한 학생은 다음과 같이 말했다.

첫 아이를 낳았을 때 일이 떠올랐습니다. 어느날 회사에서 일하면서 엄청 스트레스를 받고 집에 돌아왔는데 금방 태어난 아들이 누워 있는 걸 보면서 중얼거렸습니다. "너 때문에 참는다." 애가 기쁨이었고 위로였습니다. 순간 이런 질문을 하게 되었습니다. 이 애가 나에게 해 준 것이 뭐길래, 이 애를 보면 스트레스도 풀리고 위로를 받고 … 애가 해 준거라고는 배고프면 분유 달라고 울고, 똥 오줌 싸면 귀저기 갈아주고, 얼굴 보면 웃어주고 하는 거 밖에 없는데

··· "나 주님 기쁨 되기 원하네"를 찬양하면서 열심히 일을 해서 주님을 기쁘게 하고 싶다고 생각했었는데, 내가 살아 있는 그 존재 자체가 주님에게 기쁨이라는 것을 깨닫는 순간이었습니다. 그 자매를 만난다면 이 이야기를 해 주고 싶습니다. 당신의 그 존재 자체를 하나님은 기뻐하고 있습니다.

우리의 진정한 자아는 생긴 그대로 하나님의 형상이요 기쁨이다. 있는 그대로 존귀하다.

이 자아는 자신의 생긴 모습이 우아하든지 초라하든지, 가졌든지 못 가졌든지, 자신에게 병이 있든지 없든지, 자신의 삶이 슬프든지 기쁘든지 상관하지 않고 오직 하나님이 베풀어 주신 은혜에 만족한다. 오히려 자신이 약할 수록 더욱 기뻐하게 됨은 하나님의 능력은 약한 데서 온전해지기 때문이요, 죽음으로 영생을 얻기 때문이다. 이런 자는 자기 영혼을 찾았고 영원히 살아있다.

톨스토이는 "모든 사람에게 가장 필요하고 중요한 연구대상은 자신이다. 말하자면 그의 영적 존재인 것이다"라고 하였다.

자기 영을 잃어버릴 때 슬프다. 산자가 아닌 죽은 자 같다. 그러나 진정한 자기를 찾은 자는 기쁘다. 예수 그리스도는 우리로 자기를 인정하고 수용함으로 하나님 안에서 참된 정체성을 확립하게 하셨다. 그는 치유 받은 수많은 사람들에게 삶의 동기를 새롭게 하셨고 왜곡된 자아형상(self-image)을 새롭게 변화시켜 주셨다. 삭개오는 예수님을 만나 잃었던 영혼을 찾았고, 마태는 주의 제자로서 자기인정의 길을 걷게 되었다. 그리스도는 죽은 자도 살리시고 우리로 그의 형상을 이루어 가게 하신다. 나의 나됨을 그가 결정하신다.

우리가 그의 형상을 잃었거나 지음을 받은 그대로가 아닌 '가짜 나'가 되었을 때, 아담과 같은 죄에 빠져 수치심과 죄책감, 우울함과 열등감에 시달리게된다.

그러므로, 키에르케고르(Soren Kierkegaard)는 삶의 목적을 하나님 앞에서 "사람이 진실로 존재하고 있는 그대로의 자기가 되는 것"으로 보았다.3 진정한 자신이 되지 못할 때 노이로제에 걸린다.

마틴 루터는 찬양 연습을 하던 중 갑자기 "이것은 내가 아니야!"라고 외치며 발작을 일으켰다. 정신 이상에 빠진 것이다. 그러나 그가 그리스도와 동일한 형상을 이루어 가는 자신을 찾았을 때, 그 증상에서 완전히 해방되었다.4 훗날, 그는 종교 개혁을 통하여 세계 역사를 바꾸었다.

사고나 질병으로 장애인이 되었다 해도 그리스도가 그 안에 살 때 가장 아름답다. 미즈노 겐조(1937-1984)는 초등학교 4학년 때 이질을 앓던 중 심한 고열로 그만 뇌성소아마비에 걸렸다. 전신 장애인이 되어 보고 듣는 것 외에는 손가락 하나 움직이지 못했다. 언어 능력도 상실하여 자신의 의사를 표현하는 수단은 오직 눈 깜박임 밖에 없었다. 벽에 붙인 오십음도표 글자를 어머니가 차례대로 가리키면, 자신이 원하는 글자에 이르렀을 때 신호를 보내 한 글자를 모으고, 다음 글자를 모아 단어를 만들고 결국엔 하나의 문장을 쓸 수 있었다. 그러한 역경 가운데서도 그는 수많은 눈 깜빡임을 통해 글을 만들어 가며 오히려 감사가 넘쳐났다. 아래의 시를 통해서도 그는 영혼 깊이 하나님을 찬양했다.

> 하나님의 크신 손 안에서
> 달팽이는 달팽이답게 가고
> 닭장 들꽃은 닭장 들꽃답게 피고
> 청개구리는 청개구리답게 울고
> 하나님의 크신 손 안에서
> 나는 나답게 산다.

겐조는 뇌성소아마비로 전신장애인이 되었지만, 그리스도의 능력안에서 온전케 될 수 있었다.

많은 사람이 모든 것을 다 가진 듯 하나 자기 영혼을 잃은 채 살아가고 있다. 체스터톤(G.K. Chesterton)이 말했듯, "그가 기억해 낼 수 없는 것은 오직 하나 자기가 누구냐 하는 것뿐이다. 아마 우리 모두 다 그 이야기 속에 나오는 바로 그 사람인지도 모른다."

이렇듯 인간은 자신에게 수수께끼가 되었다. 도스토옙스키는 『백치』를 통해 말했다. "정말 중요한 것은 인생을 발견하는 거야. 끊임없이, 영원히 발견하는 거지. 이미 발견된 것은 중요하지 않아."

그는 『죄와 벌』에서 죄를 지어 악마의 놀림거리로 전락한 인간이, 창조자의 형상을 따라 거듭나는 승리의 외침, 부활을 말해준다. 『죄와 벌』의 마지막 문장은 다음과 같다.

"그들은 말을 하고 싶었지만, 할 수가 없었다. 두 사람의 눈에는 눈물이 그렁그렁했다. 두 사람은 창백하게 야위어 있었다. 그러나 그렇게 아프고 창백한 얼굴에서 새로운 미래의 여명이, 새로운 생명으로 다시 태어나는 완전한 부활의 여명이 벌써 빛을 발하고 있었다."

또한 그의 작품 속 미챠 카라마조프는 갇혀 있는 형무소에서 영원한 생명을 가진 자신의 새사람에 대해 말하고 있다. "알료샤, 나는 지난 두 달 동안 내 안에서 새로운 인간을 발견했단다. 내 안에서 새로운 인간이 부활했어! 이 사람은 전에도 항상 내 안에 숨겨져 있었는데, 하나님께서 이런 악천후를 보내주지 않으셨더라면, 내 안에 이런 존재가 있다는 사실을 전혀 의식하지 못했을 거야."[5]

우리의 옛 자아가 완전히 죽을 때, 부활 생명을 가진 "영원한 나"로 살아난다. 장정자 시인은 그리스도안에 있는 자신의 참 자아를 깨우쳐 살리라 다짐하면서 「낙엽을 쓸면서」라는 시를 지었다.

　　낙엽을 쓸면서
　　한 해가 속절없이 가고
　　때맞춰 낙엽도 떨어져
　　뒹굴고 있다
　　한때는 눈부시게 푸르렀을
　　잎들이

허망하게 떨어져 갈 채비를
한다
이별 앞에서
인생을 돌아본다…

낙엽을 쓸면서
이별과 인연과 세월이
한묶음이라는 언어를
깨닫는데는 그리
긴 시간이 걸리지 않았다.
낙엽을 쓸다가

참 자아를 찾는 것이
우선이라는 진리 앞에
망연하게 서 있다
오늘

영국 런던에 있는 웨스트민스터 사원에서 예배를 드린 적이 있다. 그 사원의 벽에 존 밀톤이 눈을 감고 있는 우아한 모습이 새겨져 있다. 그는 다음과 같은 말을 남겼다.

"인간의 영혼이 존귀한 이유는 하나님의 형상대로 지음을 받은 까닭이요, 그리스도께서 구원하기 위해서 십자가에 못 박힌 까닭이다."

사람은 이런 존귀한 자신을 찾기 까지는 아직 인생이 시작되지도 않았다. 자기 영혼을 잃어버린 사람은 영적으로 거세당한 것이나 다름없다. '온천하를 얻더라도 자기 영혼을 잃으면 무슨 소용이 있으리요 사람이 무엇을 주고 제 목숨과 바꾸겠는가'(마 16:26) 셰익스피어는 이 진리를 햄릿을 통해 "사느냐 죽느냐 이것이 문제로다"라고 말 하였다.

계시록에서 그리스도는 에베소교회를 향해, "너의 처음 사랑을 버렸느니라"고 책망하셨다. 이 말씀은 '너는 네 존재의 원천을 버렸느니라', '너는 너의 근원을 떠났느니라,' '너는 너의 영원한 생명을 버렸느니라'는 의미이기도 하다.

당시 에베소에 살던 사람들 중에는 로마황제를 예배하거나 지혜의 여신과 승리의 여신 나이키(Nike), 음란의 여신 아르테미스를 섬기는 이들도 많았다. 필자가 터키 에베소 유적지에 가서 보니 시장 길거리에는 승리의 여신 나이키 상도 서 있었고, 로마 황제들의 상들도 길가 양 옆에 우뚝 서있었다. 어떤 방에는 철학자 소크라테스와 체일론(Cheilon)의 모습이 벽에 새겨져 있었다. 이들은 주님 말씀보다 사람의 논리와 지식에 더 집중했었다.

우리 인생의 참된 기쁨과 지혜와 능력과 승리는 오직 하나님으로 부터 온다. 우리 구주 하나님의 아들 그리스도가 우리 존재의 원천인데도 우리 마음이 우상을 만드는 공장이 되어 물질의 신, 정욕의 신, 세상 명예와 권력의 신에 근거하여 산다면 자기 영혼을 잃은 것이다. 그러므로

"어디서 떨어졌는지를 생각하고 회개하여 처음 행위를 가지라 만일 그리하지 아니하고 회개하지 아니하면 내가 네게 가서 네 촛대를 그 자리에서 옮기리라"(계 2:5)고 하셨다.

우리는 그리스도 안에서 그를 닮아가는 진정한 자아가 되어야 한다.

키에르케고르의 말이다. "자아가 자기 자신이 되지 못하는 만큼, 그것은 자신의 자아가 아니다. 그러나 자신의 자아가 되지 못하는 것은 절망이다. … 자아는 하나님 안에 투명하게 기초하고 있을 때, 절망에 처할 수밖에 없던 절망에서 벗어난 완전한 건강과 자유 안에 있다"고 했다.6 우리의 원천인 하나님 안에 있을 때, 우리는 그의 자녀로 살아난다.

그는 『죽음에 이르는 병』에서 진정한 자신을 발견하지 못한 사람을 찰나의 사람이라고 했다. 그는 영혼 없는 마네킹 자아로, 허수아비 자아로 살아간다. 그 안에 생명이 없다.

'그는 다른 사람들을 모방하며, 그들이 어떻게 살아가는 것을 눈여겨 보고, 자신도 그런 종류의 삶을 따라 살아가네. 기독교계에서 그는 크리스천이고, 매주 교회에 나가고 목사의 말을 듣고 그들은 서로 이해한다네. 그가 죽으면 목사는 10달러에 그를 영원으로 이끌어 들인다네. 그러나 그는 진정한 자기가 아니었다네. 진짜 자기가 되지도 아니하였네. 이 순간의 사람은 자기 자신의 참자아를 알아보지 못하네, 그는 그 자신을 오직 그가 입은 의복으로서만 인지하네. 그는 오직 외관에 의해서만 자아를 가졌음을 인정하네.' 7

진정한 자신을 찾지 못한 사람은 자기 영혼의 얼굴이 없다. 이런 자는 외부의 소유와 성취, 칭찬 또는 허상과 망상에서 자기 존재 가치를 찾으려 한다. 비 본질을 본질인양 착각한다.

윌리엄 스태포드(William Stafford)는 이런 현상을 보면서 다음과 같이 우려했다.

"다른 이가 만든 패턴이 우세한 세상에서
잘못된 신을 참 신 인양 따라가다가
우리는 우리의 별을 놓칠지도 모르네" 8

자기 영혼의 얼굴이 있는 사람만이 자신뿐 아니라 하나님과 얼굴을 마주 대하여 볼 수 있다. 이 영적인 얼굴을 가진 사람만이 하나님의 얼굴빛을 비쳐 줄 수 있다. 사과가 사과를 맺기 위해 있듯, 하나님 형상의 유전자를 가진 사람은 그리스도의 형상을 이루기 위해 있다.

진정한 나를 알기 위해서는 우리의 원형이 되는 예수 그리스도를 알아야 한다. 그를 보면 나를 보고 나를 보면 그를 본다. 진짜 나는 하나님의 형상이기 때문이다. 그의 형상과 영 안에서 '진정한 나'를 보게 된다.

진정한 나란 몸을 입은 영이고 이 영은 자아(the self)이다. 우리 자아의 유일하면서도 참된 기반은 그리스도이다. 유일한 자기(Self)인 그리스도 안에 기반을 둔 자기(self)가 우리의 진정한 자기이다. 그러므로, 우리는 자신이 자라온 성장 환경과 존재와 상징을 포함하는 여러 상황 그리고 관계들, 신체적 특징들, 능력들 전체와 자기 안에 있는 여러 가지 자아들

중에서 그 핵심에 있는 그리스도가 생명인 자아로 거듭나야 한다.

수잔 호워치는 자신이 쓴 소설 『신비한 길』에서 말한다. "물론, 빛이 없이 그림자가 존재하지 않는다. 그러므로 너는 너의 참 자아를 낳아야만 한다. 그 자아는 그림자가 될 수 없고, 존재하기에 충분한 실재의 자아이다. 그 어둠을 버티지 못하는 것은 너의 참 자아가 아니고, 복제품이다. 거짓으로 부터 살아있는 진리를 창조하는 것은 불가능하다."9 하나님의 뜻을 따라 사도 바울은, 우리 속에 그리스도의 형상을 이루기까지 해산하는 수고를 하였다.

이지선 씨는 음주운전자가 낸 칠중 교통사고로 얼굴까지 심한 화상을 입어 남들이 몰라볼 정도였다. 그러나 그녀가 그러한 역경을 이겨내고 지금껏 올 수 있었던 것은 그리스도의 형상인 진정한 자아를 찾아 가고 있었기 때문이다.

18세기 러시아의 성 자돈스크의 티콘(Tikhon zadonsky)은 모든 사람들에게서 하나님의 형상을 보며, 가난한 사람들을 구제하다가 가난 속에서 죽게 되었지만, "나를 하나님의 형상과 모양으로 지으셨으니 감사합니다!"10라고 하였다.

하나님은 영원한 사랑으로 우리를 그의 형상대로 지으셨다. 그는 자신의 형상에 만족하며, 보시기에 "심히 좋다"라고 하셨다. 이러한 우리는 그의 눈으로 진정한 자기를 포용해야 한다.

다음 노래가,하나님의 마음을 조금이라도 헤아려 볼 수 있게 한다.

내가 너를 빚었단다 나는 너의 토기장이

내가 너를 만들면서 얼마나 기뻐했는지
너의 눈을 만들면서 너에게 눈을 못 뗐지
얼마나 사랑스럽던지 지금도 기억한단다

너의 손을 빚으면서 하나하나 세어봤지
이 세상 너밖엔 없는 지문을 넣어주면서
너의 심장을 빚으며 호흡을 불어넣어 줬지
너의 첫 심장 소릴 들은 그날을 잊을 순 없지

너를 다 빚은 그날에 누구에게 널 맡길지
한참을 돌아본 후에 너를 보낼 수 있었지
오늘 내가 널 바라보는 마음은 어떨 것 같니
나는 널 단 한 순간도 사랑치 않은 적 없지

나는 널 단 한 순간도 손에서 놓은 적 없지
나는 널 단 한 순간도 눈에서 뗀 적도 없지
내가 너를 빚었단다 나는 너의 토기장이.

오만원권 지폐는 때가 묻고, 구겨지고, 짓밟혀도 여전히 오만원이듯, 하나님의 형상인 우리는 죄악과 허물, 상처로 뒤틀리고, 분열이 되었다 하더라도 여전히 하나님의 형상이다. 하나님 형상인 '진짜 나'는 영원하다. 진정한 자아는 인간이 증명해 내는 것이 아니다. 이 자아를 무너뜨릴 수 있는 요인은 단 하나도 없다. 성 버나드(Bernard)는 '진정한 자아'는 지옥에서조차 불 타지 않는다고 하였다. '우리가 죽었고 우리의 생명은 그리스도와 함께 하나님 안에 감추어져서'(골 3:4) 그 어떤 사고나 재난이나 죽음까지도 우리의 참 생명을 해칠 수 없다.

그러므로, 말죠리 홈스는 하나님을 향하여 다음과 같이 노래했다.

> "나는 압니다. 가능한 한 나는 알고 있습니다. 당신을 통해서 나 자신의 존재가 지닌 진정한 존엄성과 가치와 아름다움을 알고 있습니다. 내가 어떤 실패를 하든지 나는 나를 지으신 당신의 일부이기 때문입니다."11

필자는 동면이라눈 산동네에서 1958년 여름에 태어 났다. 나의 가장 어린 시절의 기억은 서너 살 때쯤 집 앞 큰 밤나무 앞에 서 있을 때였다. 오후인 듯한데 갑자기 나를 둘러싼 주위가 밝아지며 신비하게 따뜻한 빛으로 가득해졌다. 경이로웠다.

당시 나는 냇가를 건너 산 아래 외딴 집에 살았었다. 아직 말도 할 줄 모르던 때, 나는 혼자 마당에서 놀다가 부엌으로 걸어 들어가려 했다. 그런데 부엌에서 큰 구렁이가 똬리를 틀고, 한 입에 나를 삼킬 듯 노려보고 있었다. 무력하고 무서웠던 그 순간 진땀이 났다. 그러는 사이에 구렁이가 똬리를 풀고 부엌 돌담을 넘어 서서히 사라졌다.

서른이 넘어 신학대학원에 들어가 공부를 할 때, 어느 날 밤 꿈에 뱀이 나타나 악몽에 시달렸다. 그 전에도 그런 일이 있었던 터라 나는 일어나 방바닥에 무릎을 꿇고 기도했다. 모세의 지팡이로 홍해를 가른 그 강한 바람 같은 힘으로 뱀을 물리쳐 주시는 것을 상상하면서 다시는 꿈에 뱀이 나타나지 않기를 기도했다. 그러자 기도한 대로 되었다. 내가 서너 살의 아이로 큰 구렁이에 잡혀 먹힐 것 같은 그 위기상황에서도, 하나님은 나와 함께 하사 지켜 주셨음을 성령 안에서 보고 느낄 수 있었다.

주님은 외로웠던 나에게 좋은 친구가 되어 주셨다. 내가 곤경에 처했을 때 구해 주셨거나 환상가운데 나타나셔서 치유와 인도하심을 확증해 주셨다. 거꾸러뜨림을 당하여도 망하지 않게 하셨다. 내가 그의 말씀을 선포할 때는 성령의 임재로 마음이 뜨거웠다. '나의 나' 된 것은 하나님의 은혜라.

하나님은 내 삶에 개입하셨고 인도하여 주셨다. 제임스 로더가 말했듯, 우리가 그리스도 안에서 확신 있는 체험을 할 때, 인생에 어떤 문제가 다가온 순간에도, 자신의 인생을 끝내야 하는 순간이 아니라, 오히려 그리스도의 형상으로 영광스럽게 치유 변형되는 순간임을 깨닫게 된다.

"그리스도를 본받고 그의 형상으로 치유변화되는 것을 탐구하는 것은 그리스도안에 있는 우리의 가장 진정한 동일성을 찾기 위한 것이다"라고 아시시의 프란시스는 말하였다.[12] 또한 주의 형상을 이루어 갈 때, 우리의 모든 상처도 낫게 된다.

찰스 솔로몬은 젊은 시절 자신이 누구인지 몰라 괴로워하며 스스로 목숨을 끊으려 했다. 그러한 그가, 진정한 자신을 찾은 다음엔 치유자로 거듭났다. 그는 그의 책 『영적치유의 핵심』에서 말한다.

"정체성의 위기는 어제나 오늘이나 영원토록 동일하신 주 예수 그리스도(히 13:8)와 개인적으로 동일시함을 통해서만 해결될 수 있다. 그리스도 안에서 우리의 정체성은 세대, 시대, 문화적 환경에 관계 없이 변치 않는 불변의 것이다. 다른 길은 없으며 오직 그리스도 안에서 만이 환경에 지배되지 않으며 전 생활영역에서 원활히 작용하는 정체성을 가질 수 있다."13

하나님만이 우리가 누구인가를 결정한다. 우리는 본래 하나님으로부터 나와서 그리스도의 형상을 이루어 가고 있다. '내가 사나 내가 아닌 그리스도가 내안에 사는 것'이 참 자아이다. 이 자아는 우리 생명인 그리스도와 연합되어 있음으로 살아간다. 스코틀랜드 영성가 필립 뉴엘은 "구원이란 우리의 참된 자아와 다시 연결되는 것"이라 했다. 한 중년 여성은 하나님과 연결되는 경험을 말해준다.

"나는 그리스도 안에서 누구인가를 늘 고민해왔다
하나님은 나에게 화내고 계신 것은 아닐까?
하나님을 떠나서는 해답을 찾을 수가 없다.
바울도 '태에서부터 작정하신 이가'라고 말했듯이 분명히 하나님안에 내가 태어났고 그분의 영광을 드러내는 삶이 주어졌는데, 마귀는 인생들을 짓밟아서 본래의 나인 참자기를 잃어버리도록 계속 만들고 있다.… 상처받고 열등감 투성이의 찌그러진 자기로 살아가게 된다. 그러므로 나는 예수를 믿고 하나님에 대해 알게 되었으며 나는 귀중한 하나님과 연결되어 비로소 나는 나로서 살게 됨을 감사한다.
할렐루야!"

백열전구는 필라멘트(filament)가 연결되어야 불이 켜진다. 마찬가지로 우리도 우리의 원천적 원형인 그리스도와 그 원형 회복으로 연결될 때 빛을 발한다. 하나님과 연결된 자는 천국을 누리고 그와 분리된 자는 지옥에 들어선다.

요한 웨슬리는 그의 책 『그리스도인의 완전』에서, "하나님의 이 위대한 선물인 우리 영혼의 구원은 하나님의 형상이 우리 마음에 새롭게 새겨짐으로 그 본질을 나타내는 것 외에 다른 어떤 것도 아니다"라고 하였다.14

파스칼이 말했듯 "모든 사람의 마음에는 다른 어떤 피조물로서도 채워질 수 없고, 예수 그리스도를 통해서 알려진 창조주 하나님 만이 채워주실 수 있는 하나님 모양의 텅빈 공간(a God-shaped vacuum)이 있다." 우리 안에 있는 하나님 모양의 텅빈 공간은 우리의 원형인 하나님으로만 채워져야 우리의 영혼이 살아난다.

오늘날 많은 사람들이 세상 헛된 모양에 붙들려 자신의 참모양을 잃고 산다. 하나님이 계셔야 할 곳이 우상의 쓰레기로 채워져서 멘탈이 붕괴된다. 그런데, 우리 안에 우리 생명인 그리스도가 사시고, 우리가 그의 형상을 이루어갈 때, 하나님의 자녀로 나타난다. 그러면 이 사망의 그늘진 땅에는 천국의 여명이 비칠 것이다. 뿐만 아니라, 하나님이 의도하신 진정한 자신이 되면, 온 세상에 성령의 불을 놓을 수 있다.

영화 「라이언 킹」에서 어린 왕자 심바(Simba)는 어렸을 때 아빠 무파사

왕을 잃고 방황할 때가 있었다. 어린 심바는 자신이 누구인지 모르고, 염소 떼에 섞여 자신이 염소인양 착각하고 살게 되었다. 이 어린 왕자는 아주 행복해서 염소 같은 소리를 내고 풀과 덤불을 먹었다. 하루는 한 위대하고 큰 사자가 나타나서 아기 사자가 염소같이 행동하는 것을 보고 쇼크를 받았다. 심바는 "하쿠나마타타."(Hakuna Matata)를 노래하며 자신의 정체성을 잃고 살았었다. 그때 심바의 어릴 적 연인 날라(Nala)가 황야에서 심바를 발견하고 충격을 받는다. 심바는 많이 변해 있었기 때문이다. 심바는 왕이 되는 것에 흥미를 잃어버렸다. "네 속에 왕이 있는데, 왜 왕이 되지 않느냐"라고 노래해도 그를 변화시킬 수 없었다. 다행히 그는 영적지도자 라피키를 만난다. 그 지도자는 심바에게 그를 알고 있다며, "너는 무파사의 아들이야"라고 말한다. 라피키는 그의 아버지를 알며 아직도 살아있다고 했다. 그렇게 심바를 부추겨서 깊은 황야의 반사하는 물웅덩이 옆으로 인도한다. 심바는 아버지를 보기 위해 물웅덩이를 들여다보았고, 라피키는 잘 보라고 한다. 심바는 물에서 반사되는 자신의 얼굴에서 아버지의 얼굴을 발견한다. 그리고 라피키가 "그는 네 안에 살아계셔"라고 말할 때, 심바는 하늘로 부터 아버지의 음성을 듣는다. 무파사가 아들에게 "심바, 심바, 네가 나를 잊었구나!"라고 말할 때 심바는 '아니요'라고 변명한다. 그러자 아버지는 이렇게 말하고 사라진다.

"네가 누구인지를 잊은 것은 곧 나를 잃어버렸기 때문이다. 네 자신을 들여다봐라. 지금의 너는 네가 아니다. 너는 동물 세계의 왕이 되어야 한다.… 네 자신을 잊지 말라. 넌 내 아들이고 진정한 왕이다. 잊지 말라. 네가 누구인지 잊지 말라. 잊지 말라, 잊지 말라." 잃었던 자신을 찾은 심바는 자신의 왕국에 돌아온다. 그리고 자신을 죽이려던 적을 몰아내고 왕이 된다.

그렇다. 당신이 누구인지를 잊지 말라.

필자가 로스엔젤레스 글렌데일에 위치한 '글렌데일 어드밴스트(Glendale Adventist) 술과 마약 치료소'에서 인턴으로 일할 때의 일이다.

어느 날 한 건장한 20대 중반의 백인 청년이 치료소에 들어왔다. 그는 상담시간에 여자친구가 자기를 버렸다며 분노했다. 그 여자는 지금 40대 남자와 놀아나는 데, 금방 그 남자를 쫓아가 죽이고 싶다며 화가 폭발했다. 그는 술과 마약으로 고통을 달래 왔었다. 어느날 그는 집단 상담 시간에 아픔과 분노 속에서, '누가 날 도와줄 수 없느냐'라고 외쳤다. 그때 나는 그 앞에 걸어가서 그를 바라보며 말했다.

당신은 아직 당신 어머니로부터 정서적인 탯줄이 끊어지지 않았습니다. 아직 "진정한 자기"로 태어나지 못했습니다. 당신에게는 주위 사람들이 당신의 욕구를 충족 시켜줘야 하는 대상으로만 보입니다. 그래서 타인이 당신의 욕구를 무조건 충족시켜 주기를 바라지만, 그런 사람은 존재하지 않습니다. 당신은 타인의 얼굴을 마주 대할 자기 얼굴이 없습니다. 영적불구자가 되어 텅빈 영혼을 외부의 인정과 망상으로 지지하려 합니다. 진정 온전케 되려면, 당신의 근원되는 하나님의 형상인 참 자기를 찾아야 합니다. 그러면 당신은 그의 자녀로 나타날 것입니다.

이 말을 듣는 순간, 그의 얼굴이 환하게 밝아지며, 자신은 벌써 고침을 받았다고 기뻐서 외쳤다.

제2장 • 진짜 나와 가짜 나

슬프다 어찌 그리 금이 빛을 잃고 순금이 변질하였으며 성소의 돌들이 거리 어귀마다 쏟아졌는고, 순금에 비할 만큼 보배로운 시온의 아들들이 어찌 그리 토기장이가 만든 질항아리 같이 여김이 되었는고.(애 4:1-2)

가톨릭 수사요 존경받는 신부인 토마스 키딩(Thomas Keating)은 말한다.

"우리의 참 자아를 의식하는 것, 그리고 이 경험에서 흘러나오는 영적 평안과 기쁨을 깊이 의식하는 것은 거짓 자아의 해체와 죽음에 따르는 정신적 고통을 상쇄해준다. 거짓 자아를 움직이게 하던 힘이 쇠퇴하면, 참 자아는 하나님의 사랑의 동력으로 '새로운 자아를 세운다.'"

우리의 참 자아는 하나님의 사랑의 결정체이다. 진정한 자아는 '나는 스스로 있는 자'라고 하신 하나님의 형상으로서 진정 존재한다. 또한 '나는 길이요 진리요 부활이요 생명이라' 고 하신 그리스도를 드러낸다. 우리의 죄와 상처로 물든 거짓 자아는 우리로 하나님의 형상인 진정한 나를 만나는 것을 방해한다.

중세의 위대한 신비주의자 마이스터 에크하르트는, "인간은 이 세상의 헛된 형상을 벗어나서 하나님 안에서 그리고 하나님을 향하여 더 높은 존재로 빚어져야 한다"라고 하였다.

사도 바울은 "오직 너희의 심령이 새롭게 되어 하나님을 따라 의와 진리의 거룩함으로 지으심을 받은 새 사람을 입으라."(엡 4:23-24)고 하였다. 새 사람은 모든 악독과 노함과 분냄과 떠드는 것과 비방하는 것을 버리고, 친절하며 불쌍히 여기며 하나님이 그리스도 안에서 자신을 용서하심과 같이 모두를 용서한다 (엡 4:31-32) 새 사람은 "자기를 창조하신 이의 형상을 따라 지식에까지 새롭게 하심을 입은 자."(골 3:10)이다.

1세기에 쓰인 오비드의 『변신이야기』(Metamorphoses)에는 나르시소스 신화가 실려 있다. 강의 요정인 리리오페는 강의 신인 케피소스에 의해 강간당하고 나르시소스를 낳았다. 그녀는 예언자 티이레시아스를 찾아가 아들이 오래 살 수 있는지를 묻는다. 그때 그는 나르시소스가 자기 자신을 알지 못하는 한 오래 살 수 있을 것이라는 예언했다. 나르시소스가 자기 자신의 모습을 봐서는 안 된다는 것으로 이해한 리리오페는 조금만 조심하면 아이를 지킬 수 있겠다고 생각했다.

나르시소스는 매우 잘 생겨서 연인들이 그를 찾아왔으나, 숲속에 은둔하여 혼자 사는 것을 좋아했다. 그러나 나르시소스는 자기 자신뿐 아니라 연인들을 받아들일 수 있는 진정한 자아가 없었다. 그가 자신을 열애하는 에코 여신을 향해 "너는 나를 왜 피하느냐?"고 탄식하지만, 그 소리는 다시 메아리 되어 "너는 나를 왜 피하느냐"로 들려온다. 사실은 에코가 그를 피한 것이 아니라 그가 에코를 피했다. 에코 여신이 열정적인 욕망으로 나르시소스의 목을 끌어안으려 양팔을 뻗었을 때, 오히려 그의 몸은 반응할 줄 모른 채, 도망쳤다.

도날드 캡(Donald Capps)이 그의 저서, 『고갈된 자아』(The Depleted Self)에서 말했듯, 나르시소스는 에코 여신의 열정적인 욕망과 동경의 대상이었으나 몸을 통한 감정표현은 없었다.

어느 날 나르시소스는 우연히 맑은 연못을 들여다보다가 물에 비치는 모습이 자신인 줄 모르고 사랑에 빠지게 된다. 그는 물에 비친 그 모습을 결코 소유할 수 없음을 느끼고 수척해지며 결국 죽게 된다. 그는 분명 자신의 영에 접촉하지도 못했다. 그에게는 진정한 생명이 없었다.

그가 물에 비친 그 얼굴이 자기 얼굴임을 알고, 자신을 직면해야 했을 때는 그것을 다룰 견실한 자아가 없었다. 그는 자신의 실체를 잃고, 물에 반사된 자신의 허상을 잡는데 몰두하였다. 자기 영혼을 잃은 그에게는 자신이 공허 속에 빠져드는 것을 방지하는 중심 추가 없었다. 이에 따라 그는 충격 속에 함몰되었다.

이에 비해 하나님의 형상대로 지어진 아담은 죄로 인해 공허하게 되었으나, 거룩하신 하나님을 만남으로 살아나게 된다. 나르시소스는 강의 신으로부터 나서 침몰하였다. 그러나 아담은 죄로 인해 영혼이 손상되었으나 자신의 원천인 하나님의 은혜 안에서 살아날 수 있었다.

나르시소스는 물속에 비친 자기 얼굴에 홀려 죽어갔다. 하지만, 아담은 자신이 나온 하나님의 얼굴을 바라봄으로 그의 영혼을 다시 회복할 수 있었다. 욥이 그러했듯이, 인생의 많은 문제는 하나님의 얼굴을 뵐 때 풀어진다.

나르시소스는 자신 안에서 죽어갔지만, 아담은 하나님 안에서 살아
났다.

한 여대생은 나르시소스의 가면을 벗어가며, 진정한 자신의 얼굴을
찾아가는 이야기를 들려주었다.

"나는 나르시시즘과 아무런 관계가 없는 사람인 줄 알았다. 그런데
나르시시스트의 특징을 가지고 있는 나의 모습을 보게 된 것이다.
과장된 자기 환상이라던가 강한 야심과 공상과 열등감, 그리고 타
인의 반응에 민감한 것. 바로 내 모습이다. 단단한 자기애 덩어리로
뭉쳐 있는지라 웬만해선 타인에게 관심과 사랑을 주지 않는다. 주
더라도 내 마음에 맞는 사람에게만 손을 내밀 뿐, 그 외의 사람들은
무시한다. 나만의 껍데기 속에 싸여서 바깥세상에는 관심을 끊은
듯, 혹은 속세를 벗어난 초인처럼 보이고 싶은 나지만, 실상 내가
과시하고 싶은 부분에 있어서 남이 인정해주지 않으면 꽤 강한 충
격을 받고 억울해하면서 복수를 위한 칼을 갈기도 한다. 그리고 타
인에 대해 높은 기준을 제시하면서 여간해서는 칭찬하거나 인정하
지 않는다. 나에 대한 기준은 꽤 관대하지만, 남에 대해서는 과도한
비난을 아끼지 않고 부정적인 면을 먼저 보는 편이다. 이런 모습이
자기 정체성과 자기 확신이 부족한 자기애성 인격장애인 줄은 미처
몰랐다.…

차라리 나는 자신을 짐승으로 느낄 때가 많았다. 나 자신에 너무 몰
입하면서도 나를 사랑하지 못하고, 남에게도 충분한 관심과 사랑

을 나누지 못하는 기괴한 반인반수의 모습이다. 어쩌면 나의 남은 인생의 과제가 이 부분인지도 모르겠다. 어릴 적 환경 때문이든 성격 탓이든 이렇게 오래 내 안에 들어앉은 자기 몰입의 패턴에서 벗어나고, 내 안에 계신 하나님을 좀 더 신뢰하고 나를 받아들인다면 좀 더 확장된 삶을 살 수 있지 않을까. 인류를 위해 공헌하는 거대한 일은 하지 못한다 해도 말이다. 나의 그릇만큼만, 주어진 만큼만. 잔뜩 부풀어 오른 거짓 자아의 이미지에 사로잡히지 말고 딱 나만큼만."

하인즈 코후(Heinz Kohut)는 인간의 자기애와 그것의 실패에서 오는 자기 자신에 대한 수치와 분노는 인간의 자기구조 파괴라는 과정을 통해 종국에는 자기 상실이라는 비극을 맛보게 된다고 하였다.

영혼을 잃고 고통하는 밑바닥에 '가짜 나'가 있다. 폴라 콜(Paula Cole)은 "나를(ME)"이라는 노래에서 상처입은 '가짜 나'가 자신의 '진짜 나'를 괴물로 만들려 한다고 노래했다.

나의 적은 나입니다.
내가 나를 때려 뻗게 하고요
내가 나를 괴물로 만들고요
내가 나의 자신감을 빼앗아 버려요…
당신은 나의 영을 죽일 수 없어요, 그것은 높이 날아오르고 강하지요

산과 같이 나는 계속되어요.

그러나 내 날개가 접히면,

그 빛나는 색깔의 나방이 진흙과 어우러지고 땅과 어우러져요

그리고 나의 적은 나입니다.

내가 나를 때려 뻗게 하고요

내가 나를 괴물로 만들고요

내가 나의 자신감을 빼앗아버려요.

…

그러나 그것은 나예요.

이창기는 "시의 시대"에서 거짓 자아에 대해 다음과 같이 말했다.

라면이 끓는 사이

냉장고에서 달걀 하나를 꺼낸다

무정란이다

껍데기에는 붉은 핏자국과 함께 생산 일자가 찍혀 있다

누군가 그를 낳은 것이다

비좁은 닭장에 갇혀, 애비도 없이

그가 누굴 닮았건, 그가 누구이건

… 곧장 가격표가 붙고 유통된다

…그는 완전한 무엇이 되어 세상 밖으로 날아오르기를 꿈꾸지 않았
다

자신의 처지를 한탄하거나 누군가를 애끓게 사랑했던 기억도 없다

그런데 까보면 노른자도 있다

진짜 같다.

많은 사람이 '거짓된 나'로 인해서 괴로워한다.

이들 중 백조이지만, 오리 가운데서 자라면서 자신이 오리라고 생각하는, '미운오리새끼'도 있다.

필자가 2000년도에 애리조나 유마에 있는 유마메디칼 센터에서 채플린 인턴을 할 때이다.

중년의 하와라는 여성이 자살을 시도, 응급실에 실려 왔다. 그녀는 자기는 쓸모없고, 아무것도 아닌 하잘것없는 존재라고 하였다. 네 남매를 둔 그녀는 자신의 일곱 살 난 딸과 동반 자살하려고 하였다. 본 남편은 하와를 버렸고, 하와는 유부남을 만나 딸을 하나 더 낳았다. 응급치료를 마치고 대기실에 앉은 하와의 옆에는 그녀의 남동생도 와 있었다. 그는 내게 말하기를 그의 누나는 심한 열등감으로 고통을 받아왔다고 하였다.

그녀는 자매들 가운데 유일하게 일을 하여 자기 어머니를 섬기고 있었으나, 오히려 언니들과 어머니에게 무시당해 왔다고 했다. 그녀 주위의 언니들과 어머니는 그녀를 못난 딸로 여겼다고 한다. 그녀는 자신을 "미운 오리새끼(The ugly duckling)"라고 하였다. 그녀는 진정 자신이 존재한다고 느낄 수 없었다. 그녀는 관심과 인정도 받고 싶었다. 그래서 그녀는 못 먹는 술을 한 병 사서 코를 잡고 마신 뒤, 칼로 그녀의 팔목 동맥을

자르려고 했다.

『미운 오리 새끼』는 한스 크리스티안 안데르센이 쓴 동화다.

어느 연못가에서 살고 있던 어미 오리가 알들을 품고 있었다. 그중에 하나는 백조알이었다. 부화하여 백조가 태어났다. 오리들이 보니 생긴 것도 자기들 같지 않았다. 그래서 그 백조는 오리들로부터 미운 오리새끼로 여겨졌다.

주변에 살던 오리들로부터 괴롭힘을 당하지 않기 위해 새끼 오리는 연못을 피해 여러 곳을 돌아다니게 된다. 어느 날 미운 오리 새끼가 홀로 연못 주위를 서성거리고 있는데 하늘에서 멋있게 날아온 아름다운 백조들이 연못 주위에 앉았다. 백조 하나가 미운 오리 새끼에게 다가와, '너는 오리가 아니고 백조야'라고 말하며 날아 보라고 하였다. 그 백조는 자신이 오리라고 생각하며 행동하였기에, 오리처럼 날개를 조금씩 퍼덕이니 날 수가 없었다. 그때 하늘을 날아오르는 백조가 말한다. '너는 백조이니 백조처럼 자연스레 날개를 펴서 날아 봐'라고 말했다. 그 백조가 정신을 차리고, 날개를 퍼덕였을 때, 진짜 백조로서 하늘을 훨훨 날아갔다.

본래 백조 같은 자가 미운 오리새끼 같이 행동할 때가 많다.

필자는 하와에게 그녀가 하나님의 형상임을 말해주었다. 그러자 그녀는 자녀들에게 자신이 태양과 같은 존재라고 말했다. 그러면서 다시는 자살하지 않을 것이라고 다짐했다. 몇 개월 후, 퇴원한 그녀가 어떻게 지내는지 알아보니, 그녀는 직장에서 일하며 건강하게 살아가고 있었다.

우리는 주위 사람들의 잘못된 생각과 감정을 그대로 수용하여 병이 날 수도 있다. 왜곡된 자아상으로 우울하며 고통받을 수 있다.

하나님은 우리를 보석같이 여겨 빛나는 산 돌로, 정금 같이 나오게 하셨다. 그러나 많은 이들이 진흙으로 살아가고 있다. 본래는 하나님 아버지의 자녀이나 아버지 없는 고아 같은 이들이 많다. 이러한 현실 속에서 우리는 예레미야 같이 통곡하지 않을 수 없다.

> "슬프다 어찌 그리 금이 빛을 잃고 순금이 변질하였으며 성소의 돌들이 거리 어귀마다 쏟아졌는고 순금에 비할 만큼 보배로운 시온의 아들들이 어찌 그리 토기장이가 만든 질항아리 같이 여김이 되었는고."(애 4:1-2)

아담 안에서는 모든 사람이 흙으로 돌아갈 수밖에 없지만, 그리스도 안에서는 정금같이 되어 하나님을 찬양한다.

그리스도의 지체인 '본래의 나'는 하나님을 보여준다. 참된 나는 내가 사나 내가 아닌 그리스도가 사시기 때문이다. 바실 페닝톤은, "진짜 나(True Self)"는 하나님이 우리 안에 계셔서 우리 존재 안에서 그의 존재를 발현시키도록 허용한다고 했다.15 이런 자는 그리스도를 보여준다.

미국 샌디에고 시월드에 네 개의 눈을 가진 물고기가 있다. 아나블렙스(Anableps)라는 물고기로, 머리 위에 돌출된 두 눈은 물 위를 볼 수 있고, 그 아래 있는 다른 두 눈은 물 속을 볼 수 있다. 그런데 그리스도가 사는 자는 최소한 여섯 개의 눈을 가지고 있다. 두 눈은 자기 자신을 성찰하며 다른 두 눈은 상대방의 마음과 정서에 공감하며, 다른 두 눈은 성령의 눈으로 이 모두를 보는 것이다.

그리스도는 우는 자와 함께 울고 웃는 자와 함께 웃으셨다. 나사로의 무덤 앞에서 우셨고, 가나 혼인 잔치에서는 웃으셨다. 그러나 '거짓된 자아'는 자기 자신도 사랑할 줄 모른다. 물고기보다 못한 사람이 되어 버린다. 이러면 자기애성 성격장애로 과대망상적이 되기 쉽다.

토마스 머튼(Thomas Merton)의 『씨앗』이라는 책에서는 과대망상적인 개체의 태도에 대해 다음과 같이 표현한다.

> "나는 당신이 가지고 있지 않은 것을 가지고 있다. 당신이 아닌 것이 바로 나다. 나는 당신이 못 가진 것을 가지고 있으며 당신이 결코 잡을 수 없는 것을 붙잡았다. 그래서 당신은 고통을 겪고 나는 행복하며, 당신은 경멸당하고 나는 칭찬받으며, 당신은 죽고 나는 산다. 당신은 아무것도 아니고 나는 중요하며, 당신이 아무것도 아니기 때문에 나는 더욱더 중요하다. 그래서 나는 당신과 나의 차이를 경탄하며 세상을 바라본다.
>
> 때때로 분열은 내가 가지고 있지 않은 것을 가지고 있는 사람과 내가 받지 못한 것을 받은 사람, 나는 붙잡을 수 없는 것을 붙잡은 사람과 내가 칭찬받지 못할 때 칭찬받는 사람, 나의 죽음으로 살아가는 사람… 등을 잊게 하는 데 도움을 준다.
>
> 분열 속에 사는 사람은 죽음 속에 사는 사람이다. 그는 자신을 잃어버렸기 때문에 자신을 찾을 수 없다. 그는 실재이기를 멈추었다. …

그는 죽어서야 비로소 자기가 이미 오래전에 존재하기를 멈추었다는 사실을 깨닫게 될 것이다. 왜냐하면 무한한 실재이며 모든 존재를 다 알고 계시는 하나님께서 '나는 너를 모른다'라고 말씀하실 것이기 때문이다."

자아 망상과 분열 속에 깨어진 심령도 그리스도의 형상을 이루어 가는 진정한 자신으로 나올 때 온전하게 된다. "바큇살들이 바퀴 축과 테두리에 제대로 끼워져 있기만 하면 다른 살과의 간격도 자연히 바르게 조정되는 것처럼" 우리도 우리의 원천인 하나님과 바르게 연결되어 사랑의 관계를 회복할 때, 온전한 자아를 찾는다.

헨리 나우웬은 하바드 교수직을 사임하고, 정신 장애인들과 함께 살기 시작하면서 진정한 자아를 회복하게 되었다고 하였다. 그가 정신 장애인들과 한집에 살게 되면서, 그들이 그를 좋아하거나 싫어하는 것이 그의 과거의 업적하고는 아무런 관련이 없음이 그를 놀라게 했다. 학교에도 가 보지 못하고 글도 읽을 줄 모르는 그들은 하바드가 무엇인지도 모른다. 나우웬이 쓴 글도 읽을 수 없다. 그들과 연결되는 유일한 방법은 사랑이 넘치는 진정한 자아를 통해서였다. 그는 이렇게 말했다.

"깨어지고 상처 입고 철저하게 꾸밈없는 이 사람들은 내가 현실 지향적 자아, 즉 무엇인가를 할 수 있고 보여 줄 수 있고 증명할 수 있고 일을 풀어나갈 수 있다고 하는 그런 자아를 버리게했습니다. 대신, 꾸밈없는 자아, 그 속에서 전적으로 긴장감을 풀고 일의 성취에 관계없이 사랑을 주고받을 수 있는 그런 자아를 다시 갖게 했습니다.”16

필자의 한 학생은 참 자아를 찾아가는 여정을 다음과 같이 말했다.

“우리는 잃어버린 내 모습을 찾아 여행을 떠난다. 고등학교 때 가장 친했던 친구가 기억난다. 내 눈에 그 친구는 모든 것을 가진 것처럼 보였다. 내가 너무 하고 싶었던 미술을 공부하며 미대를 꿈꾸고 있었고, 집안도 부자여서 늘 좋은 옷을 입고 다녔다. 그에 반해 우리 집은 어머니 혼자 벌어서 나를 교육하는 환경이라 미대는 꿈도 못 꿨고, 항상 주변에 부러운 대상들을 따라다니며 모든 행동과 취향을 그들에게 맞췄다. 그들처럼 되고 싶어서였다. 그러던 어느 날 내 생일에 그 친구를 포함한 몇 명의 친구들이 모여 나에게 조언해 주었다. 그 내용은 그들이 보는 내 모습엔 진짜 내가 없다는 것이었다. 나는 집에 돌아와 그 의미를 씹고 또 되씹으며 씨름하기 시작했다. 그것은 나에 대한 정확한 진단이었고, 경계선 없이 마구 달리던 열차에 레일이 끊어지는 듯한 충격이 되었다…

이렇게 어릴 적 나를 찾는 연습에서 성인이 되어 나를 찾아가는 연습은 점점 하나님 말씀 안에 성숙해지고 있다. 그 성숙을 이룰 수 있었던 단 한 가지는 ‘내 안에 내가 사는 것이 아닌 그리스도가 사는 참 나’를 발견하였기 때문이다.”

그녀는“내가 그리스도와 함께 십자가에 못 박혔나니 그런즉 이제는 내가 사는 것이 아니요 오직 내 안에 그리스도께서 사시는 것이라 이제 내가 육체 가운데 사는 것은 나를 사랑하사 나를 위하여 자기 자신을 버리신 하나님의 아들을 믿는 믿음 안에서 사는 것이라."(갈 2:20)는 말씀을 읽을 때마다 생명력이 넘치며, 자신 안에 있는 세포들이 하나하나 다 깨어나는 느낌을 받는다고 하였다.

나는 죽었고, "내가 사나 내가 아닌 그리스도가 내 안에 사는" 것이 참 자아이다. 이 진리 안에서 그녀는 자신의 존재를 일깨우며, 진정한 자신을 발견하고 재확인하게 되었다. 그녀는 다음과 같이 말을 맺는다. "오늘도 내 안에 살아 계신 그리스도를 누리며 그분의 형상이 내 인격과 삶에 발현되기를 기도한다."

그리스도의 형상이 우리 속에 이루어 질 때 세상과 나는 간곳없고, 구속한 주만 찬송하게 된다. 이때 우리는 진정한 자신이 되며 하나님의 자녀로 나타난다.

스콧 펙은 그의 책 『거짓의 사람들』에서 거짓된 악인과 진정한 성인에 대해 다음과 같이 말한다.

"만약 우리에게 행운이 주어져 살아있는 성인을 직접 만나 보게 된다면, 그가 절대적으로 독특한 사람이라는 것을 우리는 곧 알게 될 것이다. 성인들이 보는 것은 우리와 그렇게 다를 바 없어도, 그들의 인격이라는 것은 비교가 되지 않을 정도로 다르다. 이유는 간단하다. 그들은 그들 자신이 되었다. 하나님은 모든 영혼을 다 다르게 빚으셨다. 그래서 마침내 이 육체의 진흙이 다 벗겨지는 날, 하나님의 빛은 각자의 영혼을 정말 아름답고 생기 있고 전혀 새로운 빛으로 비추실 것이다."

'진짜 나'가 되지 못한 '가짜 나'는 가짜 생각과 감정에 갇혀 살게 된다. 김용태 교수는 그의 『가짜 감정』이란 책에서, "모든 인간에게는 작고 못난 존재라는 수치심이 있는데, 이것이 건드려질 때 괴로운 것이다. 작고 초라한 자기 모습이 드러날까 봐 두려워서 불안해하고 우울해하고 화를 내는 것이라"고 했다. 그 불안 아래에는 수치심이 있다. 이러한 것은 죄와 어두운 세력의 포로 된 '가짜 나'를 말해준다. 그러나 '진짜 나'는 성령 안에서 빛들의 자녀로 나타난다.

'가짜 나'는 "죽어 뿌리까지 뽑힌 열매 없는 가을 나무요 자기 수치의 거품을 뿜는 바다의 거친 물결이요, 영원히 예비된 캄캄한 흑암으로 돌아갈 유리하는 별들."(유1:12-13)이다.

그러나 '진짜 나'는 하나님의 영광의 찬송이요, "택하신 족속이요 왕 같은 제사장들이요 거룩한 나라요 그의 소유가 된 백성"이다. 진짜 나는 "어두운 데서 불러내어 그의 기이한 빛에 들어가게 하신 이의 아름다운 덕을 선포."(벧전 2:9) 하며 새벽별 같이 비칠 것이다. 하나님은 자신의 형상을 보시고 기뻐하시듯, 그의 형상을 이루어 가는 자를 보시고 기뻐하신다!

"너의 하나님 여호와가 너의 가운데에 계시니 그는 구원을 베푸실

전능자이시라 그가 너로 말미암아 기쁨을 이기지 못하시며 너를 잠
잠히 사랑하시며 너로 말미암아 즐거이 부르며 기뻐하시리라 하리
라."(습 3:17)

참 살구가 있으면 개살구가 있고, 참배가 있으면 돌배가 있다. 예수
님은 자신을 "참 포도나무"라고 하셨고 우리를 향하여 "참 내 제자."(요
8:31)가 되라고 하셨다. 주님의 참 제자가 되는 것이 어렵지만 우리 안에
거하시는 그의 영을 따라 살 때 쉬울 수도 있다. 그러면 진정한 삶을 살
수 있다.

하나님은 우리를 신묘막측하게 그의 걸작품으로 지어 주셨다. 이러
한 자는 머리부터 발끝까지 하나님의 영광의 빛을 발한다. 그러나 거짓
영의 말이나 과거 상처받은 말은, "너는 부족해", "너는 졸작이야"라고
속삭인다. 이런 잘못된 말을 자기 것으로 받아들임으로 마음에 병이 나
기도 한다.

오지에서 천국을 확장해 나가는 김 선교사는 다음과 같이 고백한다.

빛 가운데는 어두움이 존재할 수 없듯이, "내가 하나님의 형상이
다"라는 놀라운 선포가 사단의 모든 거짓 속임으로 하여금 힘을 잃
게 한다.… 나라는 존재가 그런 의미였다니.… 그 정도의 가치로 만
드신 것이 사람이라니.… "너는 내 아들이다. … " 라는 하나님의
고백 앞에 어느 누가 감히 도전할 수 있을까? 너무도 놀랍고 위대
한 사실 앞에 당당한 주님의 자녀로, 빛 된 자녀로, 하나님의 형상

으로, 아무 힘없는 사단을 향해 이 땅의 모든 영역에서 떠나갈 것을 선포한다!!

진정한 자아는 지혜와 계시의 영으로 하나님을 알아가고 그의 능력을 나타내며 산다. 그러나 거짓된 자아는 죄와 허물로 눈이 가려져 하나님을 보지 못하고 허무하게 산다.

진정한 자아는 하나님이 자신을 용서하심 같이 잘못한 사람을 진심으로 용서함으로 자유롭다. 그러나 거짓된 자아는 원망과 원한의 철창 감옥에 들어가 스스로 갇혀 있다.

필자의 한 학생은 다음과 같이 용서에 대한 자신의 경험을 말한다.

"가짜 크리스챤!

내 마음이 너무 힘들고 사는 게 의미 없다며 나를 그렇게 만든 사람들을 절대 용서치 않겠다고 말했을때 친언니가 내게 했던 말이다. 순간, 무엇이 심장에 쿵! 하고 떨어지는 듯한 큰 울림이 있었다. 그래, 그러면 내가 당한 이 억울한 상황들을 어떻게 해결하지? 나를 이런 상황으로 내몰았던 사람들을 어떻게 하지? 밤에 잠이 오지 않을 정도로 엄청 많이 고민했었다. 그러다가 결국 생각해 낸 것이, 머릿속의 지우개이다. 나쁜 건 빨리 머리 속에서 지워버리는 기능을 스스로 만들어낸 것 같다. 덕분에(?) 나는 안 좋은 일을 빨리 잊는 능력(?)이 생겼다. 다음날이나 나중에 기억은 나지만, 속이 뒤집힐 만큼 크게 다가오지 않는 것이다. 게다가, 원수를 외나무다리에서 만나더라도 웃으며 인사할 수 있는 또 하나의 기능까지 생겼다. 지인들은 내게 배알도 좋다며 어떻게 그 사람한테 반갑게 인사를 할 수가 있냐고 묻곤 했다. 안면이 있는 사람과 마주치면 무조건 인사가 먼저 나오는 것이고, 인사 후 뒤돌아서야 그 사람과의 일이 생각나는 것을 어쩌냐고! 나도 인사하고 나중에 후회한 적이 한두 번이 아니지만, 만약 그것 때문에 상대방이 용서 받은 줄 착각하고 발을 뻗고 잘 수 있다면 그것만으로도 족하다. 오랫동안 가해자를 원망해본 적도 있지만, 나에겐 아무런 도움도 안 되는 백해무익한 일이었다. 가장 통쾌한 복수는 그를/그녀를 잊어주는 것이라고 생각한다. 절대로 내가 성경의 가르침대로 원수를 사랑하거나 죄를 용서하는 마음이 있어서 그런 것은 아님을 밝힌다. 나는 그렇게 대단한 사람이 못 된다는 것을 잘 알기 때문이다."

용서는 잊는 것이 아니라 진심으로 용서해야 한다.

가짜 나는 허상 속에서 우울하나
가짜 나는 하나님과 분리되었으나
진짜 나는 매순간 그와 함께 한다.
가짜 나는 어둠이나 진짜 나는 빛이다.
진짜 나는 실체로서 기뻐한다.
가짜 나는 과거에 매여 사나
진짜 나는 현재 여기에 산다.

가짜 나는 소유하나 진짜 나는 존재한다.

가짜 나는 살려다 죽지만

진짜 나는 죽음으로 산다.

가짜 나는 정죄하나 진짜 나는 회개한다.

가짜 나는 불평하나 진짜 나는 감사한다.

가짜 나는 내 안에 내가 살지만,

진짜 나는 내 안에 그리스도가 산다.

가짜 나의 근거는 세상이나

진짜 나의 근거는 하나님이다.

가짜 나는 '나는 내 것'이라고 말하지만

진짜 나는 '나는 하나님의 것'이라 고백한다.

가짜 나는 불행의 원인이나 진짜 나는 복의 근원이다.

가짜 나는 살아도 죽지만 진짜 나는 죽어도 산다.

가짜 나는 자신을 찍는 도끼에 독을 묻히나,

진짜 나는 향나무처럼 찍는 도끼에 향을 묻힌다.

가짜 나는 자기 육체에 심고 진짜 나는 성령에 심는다.

가짜 나는 한의 응어리이나 진짜 나는 사랑의 결정체이다.

가짜 나는 팔자타령하나 진짜 나는 하나님을 찬양한다.

가짜 나는 짐승의 얼굴이지만 진짜 나는 그리스도의 얼굴이다.

가짜 나는 자기를 드러내지만 진짜 나는 그리스도를 드러낸다.

예수 그리스도께서 다시 오실 때, 그는 진짜와 가짜를 구분할 것이다.

다시 오시는 왕은 자신을 닮은 진짜 자녀를 찾으신다. 가짜는 천국에 설 자리가 없다.

내가 천국에 이르렀을 때 하나님은 "너는 왜 모세가 되지 아니하였느냐고 묻지 않으시고 너는 왜 오균이가 아니었느냐"라고 물으실 것이다.

심리학자요, 성직자였던 밴캠(Van Kaam)은 『당신 자신이 됨』(*On Being Yourself*)에서 다음과 같이 말한다.

"각 개인은 그의 자신이 되도록 그리고 하나님과 속죄를 통한 화해가 되도록 부름을 받았다. 나는 내가 되기로 의도된 특특한 사람이 되어야만 한다. 내가 나의 창조자가 나를 원래 불러주신 내가 되면 될수록 나는 더욱 나의 신적 원천과 연합할 것이다. 나의 원천이신 하나님과의 연합은 나의 진짜 나 됨를 더 깊게 해준다. 나의 진짜 나 됨은 하나님께서 영원부터 뜻하시는 진짜이다. 하나님은 나를, 아무 다른 사람이 아닌, 정확히 이러한 사람으로 생기게 하셨다."

필자가 섬기는 교회에 김정 집사님이 계셨다. 대학생때 부터 겪은 친구의 죽음과 트라우마, 그리고 이혼의 아픔을 겪으며, 40여 년 동안 항우울제를 복용하며 살아왔었다. 가끔 정신이 멍해 낮과 밤을 분간할 수 없을 때도 있었다. 그런데 어느 날 영적 갈증을 느껴서 필자의 교회를 찾아왔다. 설교를 들으며 그녀는 그리스도가 우리 자신의 원형임을 영혼 깊이 깨닫게 되었다. 그녀의 얼굴에 생기가 돌았고, 아름답게 찬양했다.

그녀는 자신의 상처가 치유되어가니 너무 좋다고 했다. 머리로만 이해하려 했던 신앙, 불가사의한 일이 이제 마음으로 믿어진단다. 하나님 속에는 거대한 힘이 있다고 깨닫는다고 했다. 옛날에는 불행의 원인이 중요했는데 이제는 아무렇지도 않다고 했다.

한번은 그녀가 자신의 일기에 쓴 글을 전화로 읽어주었다.

> "갑자기 생각이 든다.
> 껍데기로만 사는 것은 무엇인가?
> 부질없다는 생각이 든다.
> 이제는 '참 나'로 드러난다.
> 참과 거짓을 분별하게 지혜를 주시는 분은 누구인가?
> 그분은 하나님 나의 구주시구나."

필자가 만난 한 젊은 여교수는 하나님 형상인 자신을 찾아가는 여정을 다음과 같이 말했다.

> 아주 오랫동안 "나의 나 됨"을 찾아왔다. 내 안에서 가장 많이 나온 말이 "무슨 의미야?"라는 것이었다. 나의 삶의 모든 것이 주님의 도움으로 이루어지는 것을 경험하며 환희 속에서 공부를 해 나갔다. 그런데 문제는 박사(Ph.D)과정의 막바지인 논문이 마무리될 즈음부터 찾아온 공허함은 나를 미치게 했다. '왜 나는 공부를 한 것인가?' '이것이 무슨 의미였을까?' '나에게 있어서 공부가 예수님과 진정으로 관련이 있었던 것인가?'라는 질문을 던지며 괴로움의 시간을 지

나 가야 했다. 껍질같이 느껴지는 나를 보고 괴로웠다.

이때부터 주님께서 기도케 하신 것은 '가짜를 벗게 해달라는 것'이
었다. 난 의구심이 들었다. '왜 가짜지?, 난 주님의 뜻을 따라 여기
까지 왔다고 생각했는데…' 성령님의 인도하심을 따라 기도할 때
마다 내 안에서 계속해서 기도케 된 것은 "주님… 나를 중심으로
한 사상의 기초가 무너지게 하소서. 과거를 벗어나게 하소서. 가짜
를 벗게 하소서. 거짓을 벗게 하소서"였다.

온 세상을 얻더라도 진정한 나를 잃어버리면, 무엇을 주고 진정
한 나를 찾을 수 있을까?

하나님은 사람을 그의 형상인 독특한 실체, 즉 '오리지널'로 창조하
셨다. 그러나 많은 사람이 '카피 곧 복사판'으로 살아가고 있다.

조수아 헤셀은 '오리지널'로 태어나 '카피'로 사는 것을 타락이라 했다.

하나님은 인간이 되사 인간을 신의 형상으로 회복시키기를 원하셨다.

윌리엄 블레이크도 다음과 같이 말했다.

"그러므로 하나님은 우리와 같아진다. 우리가 하나님과 같아지도록."

사람은 저마다 하나님의 형상인 독특한 영혼의 얼굴이 있다. 그러나
그 얼굴을 잃고 사는 이가 많다.

몇 해 전 이스라엘을 방문했을 때, 호텔 텔레비전에서는 히브리어로
된 영화가 방송되었다. 그 영화에서는 얼굴이 없는 몸이 고목이 있는 땅
속에서 활화산이 폭파하듯 솟아 나와서, 말을 타고 동네 사람들을 잡아

가기도 했다. 그를 대항할 것은 아무도 없어 보였다. 심지어 동네 사람들은 두려워 교회로 피신하였는데, 그 말을 탄 얼굴 없는 몸은 갈고리를 교회 창문 안으로 던져 한 사람을 밖으로 잡아 끌어내 죽이기도 했다.

그 얼굴 없는 사람은 본래 잘생긴 청년이었다. 그가 어느 날, 정원 일을 하고 있을 때, 어떤 악마 같은 여인이 그의 뒤로 와서, 자신도 모르게 그의 목을 칼로 쳐서 머리를 떨어뜨렸다. 그리고 그것을 악한 영 귀신에게 바쳤다. 그런데 그 마귀 같은 여성이 그 해골을 마귀에게 바쳐서 제사할 때마다, 땅 속 고목 나무 깊은 곳에 있던 무덤에서 한 얼굴 없는 시체가 일어나, 동네 사람들을 해치기 시작했다. 이러한 비밀을 알게 된, 교회의 용감한 청년 두세 사람이 그 마귀 같은 여자가 허리에 차고 있던 한 많은 청년의 머리 곧 해골을 빼앗는다. 그리고 자신들을 해하려 말을 타고 폭풍같이 달려오는 얼굴 잃은 몸에게 그의 얼굴이었던 머리를 던져 주었다. 그러자 그는 그것을 받아 들고 유유히 사라졌다. 송장이라도 자신의 잃어버렸던 얼굴을 찾았을 때, 한이 풀어져 쉼을 얻을 수 있다는 말인가?

많은 사람이 그 얼굴 없는 몸같이, 자기 원래의 얼굴을 잃고 살아왔다. 육신의 얼굴은 있는데 영의 얼굴이 없는 사람들이 많다. 이를 공감하면서, 김현용은 다음과 같이 말한다.

"하나님이 주신 나만의 독특한 얼굴이 분명히 있는데 나는 그 얼굴을 언제 한 번 제대로 본 적이 있는가? 얼굴을 잃었다는 것은 본 적이 있다는 말이지만 하나님이 주신 얼굴을 본 적도 없다면 잃었는데도 잃었는지를 모르고 살아갈 수밖에 없다. 결국 존재도 상실된 것인데 먼저는 얼굴을 보아야 함을 강하게 느끼게 된다. 나의 영적 얼굴이 없다는 것이 충격적이다. 이유는 욕망, 열등감, 죄악과 한의 짐승에게 영혼의 얼굴을 물린 채 삶이 파괴되고 마비되어 있지 않은가."

우리의 진정한 얼굴은 그리스도 안에서 드러난다. 내 얼굴이지만 내 얼굴이 아닌 '그리스도'의 얼굴이 내 얼굴을 통해 나타날 때 나는 '진짜 얼굴'을 가진다.

원주의 한 크리스찬은 가면을 벗고 자신의 본 얼굴을 찾아가는 이야기를 다음과 같이 들려주었다.

"저는 20대 중반까지 얼굴 없는 삶을 살았습니다. 그 이유는 크고 작은 상처 때문이었습니다. 그로 인해 자존감은 매우 낮았으며, 저 자신도 저를 잘 돌보지 않고 지냈습니다. 그런데 대학 시절 선교 단체 안에서 여러 훈련과정을 통해 저도 제가 무가치하다고 생각했는데, 그런 저를 사랑하시는 하나님을 알게 되며 마음이 열리게 되었습니다. 마음 안에 많은 아픔이 하나님 안에서 회복되었습니다. 그때 제 거짓 자아가 죽고 얻어지는 그리스도가 원형인 참 자아를 알게 되었습니다. 그리스도의 형상과 마음이 제 안에 부어지기 시작했습니다. 저의 얼굴 없던 삶 가운데 하나님의 형상을 나타내심에 다시금 깊이 감사하게 되었고, 더욱 하나님의 형상을 더욱 닮고 싶은 마음을 가지게 되었습니다."

또한 가면을 벗어버린 한 영혼은 다음과 같이 말했다.

> "내 얼굴에서는 예수님을 닮은 빛이 보이는가? 아니면 더 두껍고
> 더 큰 가면을 쓰고 덧댄 무거운 근심이 보이는가? 멋있고 부럽게만
> 느껴졌던 가면을 벗어버리니 비로소 참 자유를 깨닫고 미소 짓게
> 되었다… 나를 하나님의 형상대로 지어 주시고 그 얼굴을 잊지 않
> 으시는 창조주 하나님께 끝없는 감사를 드린다."

어떤 이는 '거짓 나'를 버리고 '참나'를 찾자는 데서 아리랑이 시작된
것으로 보기도 한다. 아리랑의 아는 '참나'요, 리는 '버림', 랑은 '거짓 나'
를 뜻한다. 그러면 '참나'는 '거짓 나'를 버린다는 뜻이다.

다른 이는 아리랑을 "나 아(我)", "이치 리(理)", "즐거울 랑(밝을 랑, 朗)"
으로 해석하기도 한다. '나를 찾는 즐거움의 노래', '참된 나를 찾아 밝음
으로 간다'는 뜻으로 풀이된다. '참된 나'를 버리고 가는 자는 십리도
못 가서 발병난다.

어떤 선교사님은 우리의 민요 아리랑에 '기름부으심이 있다'고 했다.
그 선교사님은 선교지에서 사역하던 중 그곳에 있는 분들이 한국노래를
가르쳐 달라고 해서 아리랑을 가르쳐 줬는데, 가르치는 선교사님도 배
우는 그들도 함께 울며 하나가 되었던 일을 간증하였다. 이분들은 아마
도 아리랑을 부르며 하나님의 형상인 영원한 자아를 찾아가는 기쁨을
누렸을 것이다.

제3장 • 그리스도는 나의 산 원형

그는 보이지 아니하는 하나님의 형상이시요 모든 피조물보다 먼저 나신 이시니 만물이 그에게서 창조되되…만물이 다 그로 말미암고 그를 위하여 창조되었고 또한 그가 만물보다 먼저 계시고 만물이 그 안에 함께 섰느니라. 그는 몸인 교회의 머리시라 그가 근본이시요 죽은 자들 가운데서 먼저 나신 이시니 이는 친히 만물의 으뜸이 되려 하심이요.(골 1:15-18)

1. 나의 원천과 원형

사람은 "하나님의 형상과 영광."(고전11:7) 이다. "그 형상은 동전에 새겨진 왕의 두상과 같이 직접적 모방의 결과일 수도 있고, 또는 아이가 부모의 용모를 닮는 자연적 원인일 수 있지만, 어떤 경우도 그것은 그 원형에서 나왔다."17 우리의 원형은 그리스도다. 자식이 부모를 닮듯, 우리는 그리스도를 본으로 창조되었다.

여기서 원형이란 "어떤 것이 만들어지고 전개되는 원래의 모델과 형태, 또는 양식"인데, 하나님이 우리의 원형이 되신다. 어거스틴은 우리가 하나님 형상대로 지음 받은 형상이란 말에는 "삼위일체 하나님으로부터의 파생물뿐만 아니라 원형과 원리(Exemplar-Principle)를 향한 경향을 나타내는 역동적인 특징과 닮음(likeness)이 내포되어 있다"라고 하였다.

원형(prototype)이란 말은 헬라어로 "처음"(protos) 과 "모형."(tupos) 이란 두 단어의 합성어이다. 하나님은 친히 "나는 처음"이라고 말씀하셨고,(사 44:6) 부활하신 주님은 자신을 "처음이요(protos) 마지막(eskatos)"이라고 선언하셨다.(계1:8; 2:8)

신약에서는 항상 단수로 예수 그리스도를 가리켜 "처음 나신 자", "맏아들(the first born)," 곧 "프로토토코스"로 불렀다. 그리스도를 비유적으로 의미하는 프로토토코스는 특히 영광 받을 새 인류의 처음 난자를 가리키며, 이 단어에서 악센트만 바꾸면, 프로토토코스는 "모든 피조물을 생성하신 분" 또는 "만물의 생산자"라는 뜻이 된다. 우리는 우리 생명이신 그리스도로 말미암고, 그 안에서 그에 의해서 그를 위해서 창조되었다. 그의 영은 친히 우리를 하나님의 아들들로 거듭나게 한다. 원형은 영어로 Prototype 또는 Archetype으로 표기될 수 있다.

마르다 로빈스(Martha Robbins)는 다음과 같이 말하였다. "그리스도는 우리 개인이 특유의 사람이 되어 가는 원형적 형상(the archetypal image)일 뿐 아니라 모든 창조물의 생성과 특별히 그 창조 안에서 인류의 생성에 원형적인 원천(the prototypical source)이 되신다."18 사도바울은 그리스도가 우리의 원형적 원천임을 다음과 같이 선포하였다.

"그는 보이지 아니하는 하나님의 형상이요. 모든 피조물보다 먼저 나신 이시니"(골 1:15)에서, 술어 "형상"은 "먼저 나신 이"로 대치되어 있다. 하나님 형상인 그리스도는 먼저 나신 이로 우리의 원형이 되신다. 그는 우리의 산 원형이다.

국어사전에서 원형이란 명사의 의미는 "본바탕," "바탕이 되는 본," "근원으로 생각되는 모델"로 나온다. 누구나 근본, 본바탕이 있는 법이고, 옷을 만들 때나 무엇을 자를 때에 본바탕을 아래에 놓고 하면 잘 따라 할 수 있는 것과 같이 진정한 우리 자신의 본바탕인 그리스도의 형상을 본받을 때, 우리는 저마다 그의 형상을 이루는 하나님의 자녀로 나타난다. 그리스도가 우리의 본바탕이요. 우리 존재의 뿌리와 탄탄한 기초가 되시기 때문에 그리스도로 말미암지 않고 그를 위한 것이 아니면 우리의 존재부터가 흐트러지게 된다.

그리스도 인들은 베틀을 놓고 천을 짜는 직공과 같다. 거듭나기 전에는 '옛' 모형 즉 '옛 사람'에 따라 직물을 짰다. 그러나 지금은 옛 사람과 그 행위를 버렸다. 옛 모형을 버리고 우리의 원형인 그리스도에 따라 직물을 짤 때, 하나님 형상인 진정한 자아로 드러난다. 모래 위에 세운 집은 무너진다. 오직 그리스도만이 우리 존재의 탄탄한 기초요 근원이다. 그 안에 서있는 자는 요동하지 않는다. 우리의 본성도 그리스도로 부터 나오기에 그는 우리가 본받고 이루어 갈 본바탕이 되신다.

그러므로 하나님은 우리로 그 아들의 형상을 본받게 미리 정하셨다. 성자 그리스도는 우리의 원천적 원형으로서 하나님의 아들 된 생명과 신분을 우리에게 나누어 주시며 그와 동일한 형상으로 변화시켜 주신다. 이는 하나님께서 "그로 많은 형제 중에서 맏아들이 되게 하려"하심이다.(롬8:29)

대상관계이론에서 어린 아이는 태어나면서 천장의 전구를 보더라도 본능적으로 얼굴 이미지를 그리며 보려 한다. 이는 하나님의 형상인 영혼이 자신의 원천인 주의 얼굴 보기를 무의식적으로 동경하는 것일 수도 있다.

파리에 있는 루브르 박물관에는 이집트와 메소포타미아 지역에서 나온 사람의 얼굴 형상의 고대 유물들(기원전 4~5천년)이 있다. 스핑크스는 기원전 9천 5백 년까지 거슬러 올라가는데, 이는 사람의 얼굴을 가진 신화적 피조물을 상징한다. 또 19세기에서 20세기 초에는 고흐의 자화상과 고갱의 자화상이있고, 현대인들은 즐겨 자신의 얼굴을 셀피로 찍는다. 고대 유물에서 현대 셀피에 이르기까지 인간의 얼굴 표현은 자기 이미지의 형태와 상징으로 자신의 원형인 하나님을 열망하는 것으로 볼 수 있다.

칼 융은, 사람 안에 있는 자기(Self)의 이미지와 형태, 상징들은 "인간의 무의식 속에 잠자고 있는 그리스도 형상의 원형을 상징하는 데 이는 역사 속에 실제로 오신 그리스도에 의해 깨어나도록 부름을 받게 된다"라고 하였다.[19]

우리 안에 새겨진 그리스도의 형상은 우주적 원형으로 모든 사람 안에 그리스도의 형상으로 발현되어져야 한다.

신학자 칼 바르트도 인간의 존재는 원래 그리스도의 존재에서 나왔다고 하였다. 그는 "예수 그리스도 없이 우리는 우리가 되지 못하였을 것이다"라고 말하며, 우리는 우리 생명이신 "그리스도와 함께 숨겨져 있으므로" 우리는 "원래 우리의 것이 아닌 그의 것이다. 누구도 이 원형을 피할 수 없다. 우리의 잠정적 실제적인 하나님과의 관계뿐 아니라 우리의 인간 천성도 전적으로 예수님으로부터 나온다."

　경제학의 아버지로 존경받고 있는 애덤 스미스는 『도덕감정론』에서, 인간은 이기적인 존재인데 어떻게 이기심을 억누르고 도덕적 판단을 할 수 있는가 라고 질문했다. 그것이 가능한 것은 마음 속에 우리의 행동을 지켜보고 있는 실재(Real)하는 공명정대한 관찰자가 있기 때문이라고 대답하였다. 이 관찰자가 그리스도의 형상을 이루어가는 우리의 참 자아가 아닐까 생각해 본다. 또한 막스 베버는 자본주의 정신에서 사람들이 자신의 일을 천직(vocation)으로 여기고 거룩하게 살기 때문에 자본주의가 유지됨을 말하였다. 죄로 마음이 부패하였어도 우리 안에 신성이 깃든 영혼이 빛으로 타오르고 있다. 이러한 참 자아를 통해 나오는 "보이지 않는 손"이 이기심을 이타심으로 변화시키기도 하며 도덕적으로 행동하게 한다.

　필자가 대학원 재학 중에 제임스 로더 교수로부터 들은 이야기를 소개하고자 한다. 그가 지도하던 박사과정 여학생이 있었는데 그녀에게는 초등학교에 다니는 일곱 살 아들이 있었다. 그런데 어느 날 그 어린아이가 길을 건너는 데 그만 음주 운전자의 차에 치여 세상을 떠났다. 그 아이의 엄마는 자기 아들을 죽게 한 음주 운전자를 고소하려고 했다. 슬픔과 울분을 억제할 수 없었던 그녀는 고소하기 위해 제임스 로더 교수께 편지를 써달라고 여러 번 부탁하였다. 그렇지만 로더 교수는 그녀의 요청을 받아주지 않았다. 울부짖던 그녀가 어느 날 평화로운 모습으로 로더 교수의 사무실 문을 두드렸다. 그리고 로더 교수에게 지난밤에 죽은 아들이 꿈에 나타나 "엄마, 나는 괜찮아(I am okay)"라고 말했다는 것이다. 그러자 그녀는 그 아이를 죽인 음주 운전자를 용서하게 되었다고 하였다. 그리고 그 음주 운전자는 프린스턴에 있는 나소 교회에 나가 성경 공부를 한다고 했다.

우리가 용서할 수 없는 사람을 용서하고 관용할 수 있음은 우리가 자신을 죽인 원수도 사랑했던 그리스도와 같은 형상을 이루어 가기 때문이다.

마태는 천사들이 내려와 예수님의 무덤 돌을 굴려 내고 그 위에 앉았는데 "그 형상(이데아)이 번개 같고"(마 28:3)라고 했다. 이 '형상'이란 말의 원어는 '이데아'로서 이는 모양, 용모, 생김새를 말한다.

일찍이, 플라톤은 형상론에서 초월적이며 완전한 원형이 있다고 했다. 곧, 세상 사물들의 본래 모습은 초월적이며 완전한 원형(原形, arche-types) 즉 형상들(ideas) 또는 모양(forms) 들의 불완전한 복사체(複寫體)이다. 그리고 가장 완전한 형태의 원형 또는 형상은 선의 현상(이데아))이라고 했다. 완전히 선한 원형은 하나님 형상뿐이다.

하나님은 우리를 "자기 형상 곧 하나님의 형상대로 사람을 창조"하셨으므로(창 1:27) 그는 우리 원래의 형상 곧 원형이시다. 그는 영원히 살아 계신 원형이 되신다. 인간은 죄를 지어 그 형상이 심하게 훼손되었다. 죽을 죄인인 인간 스스로는 복원할 수 없었다. 하나님은 우리를 사랑하셔서, 이 형상을 회복하며 새롭게 하시기 위해 독생자를 우리에게 보내주셨다. 보이지 않는 하나님이 사람의 몸을 입고 오셨는데 곧 그리스도시다. 그는 "하나님의 영광의 광채시요, 그 본체의 형상"(히 1:3)로서, 우리 영원한 자아의 산 원형이다. 우리의 원형인 그리스도 안에 참된 회복과

쉼이 있다.

어렸을 적부터 어머니에 대해 좋지 않은 기억을 가진 윤희 씨의 말이다.

"나는 태어날 때 어머니로부터 받은 '거절감'에 의한 사랑 결핍으로 어린 시절 친구 관계의 어려움을 겪었다. 사랑받기 위한 나의 가면은 '뭐든 잘해야 한다, 최고가 되어야 한다'는 욕심으로 가득했다. 이후 하나님을 만나고 나의 존재를 깨닫고 주님의 사랑을 만나서 존재감을 회복하게 되었다. 그러자 관계의 어려운 문제들이 회복되었다. 이 경험은 나의 참 자아의 원형이 영원한 하나님임을 깨닫게 되는 데서부터 해결되었다."

그러므로, 임마누엘 칸트는 "하나님을 안다는 것은 나를 안다는 것이다."라고 했다.

존 칼빈도 그의 『기독교강요』 1장에서 다음과 같이 말한다.

"우리의 지혜가 참되며 견고한 지혜로 여겨지기 위해서는 그 지혜는 대부분 두 부분으로 이루어진다. 하나님에 대한 지식과 우리 자신에 대한 지식. 그러나 많은 끈이 두 지식을 서로 연결하면 둘 중에서 어느 것이 선행하며 다른 것의 모체가 되는지 결정하기란 쉽지 않다. 우선, 그 어떤 사람도 자기 생각을 그가 하나님 안에서 (존재하며)살며 기동하게 되는 그분을 향하여 맞추지 않으면 자신을 살필 수가 없을 것이다. 다른 한편으로 사람이 먼저 하나님의 얼굴을 응시하고 난 후에 자신을 살필 수 있을 때까지 참된 자기 지식을 결코 얻을 수 없다는 것은 명백한 것이다."

'진정한 자아'의 원형인 하나님은 우리를 보여준다.

니겔 터너(Nigel Turner)는 그리스도를 모든 창조의 원형으로 보며, 사도 바울에게 있어 "그리스도의 중요성은 우주적 원형"으로서 모든 어둠의 권세와 이단에 대항하기 위해 충분히 현실화하지 않으면 안 된다고 하였다.

그리스도는 빛으로서 모든 어둠의 세력을 이긴다. 그는 진리로서 우리를 모든 오류에서 자유롭게 한다. 그안에서는 죽음과 미움을 이긴 생명과 사랑의 빛이 언제나 넘친다.

그의 성령은 악령을 이긴다. 그는 우리 자아의 원천적 원형으로서 우리의 몸과 삶에 발현되고 있다.

하나님은 우리를 더 나은 인간으로 만들기보다는 우리 자신이 독특한 작은 그리스도가 되기를 바라신다. 우리가 우리의 원형인 그리스도의 형상을 이루어 갈 때, 우리는 이웃에게 작은 그리스도로 나타날 것이다. 그리하여 우리는 "썩어짐의 종 노릇 한 데서 해방되어 하나님의 자녀들의 영광의 자유"(롬 8:21)에 이르게 된다.

집 앞에 심은 선인장에 꽃이 피었다. 가시 돋친 선인장이 어찌나 아름다운 꽃을 피우는지 신기했다. 그런데 그 컵 모양의 선인장 밑둥치에서는 그 선인장을 닮은 작은 선인장들이 동그란 테를 두르듯 피어나 있었다. 이 아기 선인장은 어미 선인장에 연결되어서 살아 있고 어미 선인장을 꼭 닮아간다. 우리도 하나님으로부터 나서 우리의 원천적 원형인 그리스도와 연결됨으로 그의 형상을 이루어 가게 된다.

한 여대생은 부지중에 자신이 하나님께로 이끌려 간 것을 다음과 같이 말해 주었다.

> "어릴 때 내가 다니던 길이 지금까지 선명하게 생각난다. 유치원 나이 때 나는 우리 집 앞 파출소 옆에 있던 교회 울타리 안을 물끄러미 바라본 적이 있다. 그 안에서 노는 아이들을 보며 나는 어떻게 하면 저 안에 들어갈 수 있을까 하고 생각했었다. 그 어린 나이에 내 안에 무엇이 나를 이끌어 교회에 가고 싶다는 생각을 하게 했을까? 하나님의 이끄심이 없이는 그분께 스스로 오는 자가 없다고 말씀하셨듯이 분명 내 안에 하나님의 살아 있는 형상이 나를 이끌고 있던 것이었으리라. 그렇게 나는 어릴 적부터 누군지도 모르는 대상-나의 본연-하나님을 그리워했고, 어느 날 길거리 전도지를 받아 집에 들고 와 거기 적힌 대로 기도하며 예수님을 영접했다. 어린 나는 누가 나를 이끄시는 지 모르면서 이끌리어 예수님께 나아왔다. 내 안에 나를 이끄시는 분의 본질이 살아 있었던 거다. 그렇게 나는 내 안에 살아 있는 하나님의 형상이 나를 이끌어 내가 되도록 인도했다는 것을 크면서 말씀 안에서 알게 되었고 『내게 새겨진 하나님의 형상, 참 자기』 책은 또 하나의 검증이 되어주었다."

그녀는 계속해서 다음과 같이 말했다.

"나는 내 안에서 나를 이끄는 어떤 힘이 있다는 것을 어릴 때부터 느꼈다. 그 힘의 실체가 나를 사랑하시는 하나님이셨다는 것을 자라나면서 점차 조금씩 깨닫게 되었던 것 같다. 하나님이 누구인지도 모르던 어린 시절부터 내 마음속에 나를 이끌었던 하나님을 향한 사모함은 나의 형상이 나의 원형인 그리스도를 향하고 있었음을 가장 잘 알려주는 증거인 것 같다."

그리스도는 우리의 원형일 뿐 아니라 원천이기도 하다.

"만물이 그에게서 창조되되…만물이 다 그로 말미암고 그를 위하여 창조되었고 또한 그가 만물보다 먼저 계시고 만물이 그 안에 함께 섰느니라 (골 1:15-17)

우리 모두가 그리스도에게서 창조되었고, 그 안에 함께 서 있기에 유지되고 있다. 라이트 풋(Lightfoot)이 말했듯, 그리스도는 만물의 통일 원리이며 모든 창조물을 유지하신다. 그는 온 우주에 혼돈 대신 조화를 가져다주는 응집의 원리이신 것이다. 그 안에서 굽었던 관계가 바로 된다. 그가 우리를 치유하고 온전하게 한다.

아퀴나스(Thomas Aquinas)도 하나님은 우리의 원형이시며, 모든 것들의 목적이며, 실제로 육체적 생명의 원천이라고 하였다.[20]

우리는 우리 존재의 원천인 "하나님에게서 나서 그리스도 예수 안에 있고 예수는 하나님으로부터 나와서 우리에게 지혜와 의로움과 거룩함과 구원함이 되셨으니"(고전 1:30) 그리스도를 떠나서는 존재할 수 없다.

존 칼빈은 우리의 참다운 존재는 하나님 한 분에 의하여서만 유지된다고 하였다.[21] 그러므로 "진정한 나"의 모습을 그대로 간직하려면, 키에르케고르가 언급했듯이 "자아를 존재하게 하는 능력의 원천 속에 뿌리 박고 있어야 한다."

하나님이 우리 생명의 원천이므로 우리의 영혼은 고난의 때에 더욱더 우리 존재의 원천인 하나님을 갈망한다. 사람이 죽음에 임하면 하나님을 부른다는 임사호천이란 말도 있다.

필자가 섬기던 교회에 공 집사님이 있었다. 그는 국제적 규모의 수산업에 종사하였다. 한번은 그가 알래스카 원주민과 함께 배를 타고 바다로 고기를 잡으러 나갔다. 그날따라 바람이 거세게 불어 어선이 뒤집힐 위기에 부딪혔다. 그때 그 원주민이 완전히 뱃머리에 엎드려 "하나님이여! 살려 주소서"라고 부르짖었다고 한다.

인간은 궁지에 몰리면 하나님을 찾게 되고, 그와 연결되면 우리는 산다.

> "하나님이여, 사슴이 시냇물을 찾기에 갈급함 같이 내 영혼이 주를 찾기에 갈급하니이다."(시 42:1)
> "하나님이여 주는 나의 하나님이시라 내가 간절히 주를 찾되 물이 없어 마르고 곤핍한 땅에서 내 영혼이 주를 갈망하며 내 육체가 주를 앙모하나이다."(시 63:1)

그리스도가 우리를 살리는 영이다.

필자가 섬기던 교회에 독일에서 음악을 전공한 분이 계셨다. 그는 일제 강점기에 유학을 마치고 집에서 피아노 연주회를 했을 때, 일본 경찰이 피아노를 빼앗아 갔다고 했다. 그의 집은 큰 과수원을 갖고 있었는데, 너무 넓어 지프차로 과수원을 둘러보곤 했단다. 그러던 중 전쟁이 났다. 그분은 경희대 음대 교수인 부인과 이혼하고 남가주에서 홀로 살던 중 미국에 체류 중이던 대학생 딸까지 잃게 되었다. 한번은 그가 사는 노인 아파트를 방문했더니 그가 과거 독일에서 가지고 온 레코드판으로 "마왕"을 들려주었다. 그는 밤마다 잠자리에 들 때 그 곡을 듣는다고 했다. 이 "마왕"은 품에 있던 자식을 잃은 아버지의 아픈 심정을 노래한 곡인데, 이 음악이 그의 마음에 약간의 위로가 되었다고 했다. 그는 교회 예배 후에 차까지 배웅해 주는 여 전도사님에 대해서는 자신을 의심해서 미행한다고 했다. 그는 정신분열적 성향을 가진 듯했지만, 로스엔젤레스에 있는 두 명의 학생에게 피아노를 가르쳐 왔다. 그는 영어로 유창하게 아래 말씀을 암송했는데, 곧 그리스도의 임재가 그를 지탱시켜 온 능력이 됨을 알 수 있었다.

"우리가 이 보배를 질그릇에 가졌으니 이는 심히 큰 능력은 하나님께 있고 우리에게 있지 아니함을 알게 하려 함이라 우리가 사방으로 우겨쌈을 당하여도 싸이지 아니하며 답답한 일을 당하여도 낙심하지 아니하며 박해를 받아도 버린 바 되지 아니하며 거꾸러뜨림을 당하여도 망하지 아니하고 우리가 항상 예수의 죽음을 몸에 짊어짐은 예수의 생명이 또한 우리 몸에 나타나게 하려 함이라."(고후 4:7-

예수의 생명이 우리 몸에 나타날 때, 우리는 영육 간에 치유를 경험하게 된다. "주여 당신 얼굴에서 우리는 잉태하였고 산고를 치렀어도 구원의 영을 낳았나이다."(사 26:16-17)

한 대학원생은 자신의 원천적 원형인 그리스도 안에서 치유와 쉼을 얻음을 다음과 같이 말했다.

> "어렵고 힘든 날에는 더욱 나의 원형을 찾게 되고 가까이 나가게 되는 것은 그분이 나의 원천적 원형이기 때문이다."

마이스터 에크하르트도 말하기를, 오직 "신만이 자연적 진리에 맞게 모든 선함, 본질적 진리, 그리고 유일한 위로의샘이며, 원천"이라고 하였다.

우리의 원천적 원형인 그리스도의 형상대로 지어진 자신을 찾아가는 한 여성은 다음과 같이 말했다.

> "하나님의 형상으로 지어진 인간이란 바로 그 원천 안에 우리의 원형인 그리스도의 형상이 깃든 존재라는 사실이 은은한 충격으로 다가왔다. … 내 안에 빛이 계심을 다시금 깨달아야 할 것 같다. 내 그림자에 깃든 어둠이 아무리 깊다고 해도 내 안에 계신 그리스도의 형상인 그 빛 앞에서는 사라질 테니까… 참자기에 대한 이야기는

들었지만, 그것이 나의 원형인 그리스도의 형상으로까지 이어지리라고는 전혀 생각하지 못했다. 뭣 하나 제대로 해내지 못하는 혐오스러운 내 안에 그렇게 귀한 분이 깃들여 있고 그분의 생명이 심어져 있음을 잊고 있었다."

부활이요 생명인 그리스도와 연합한 자는 죽음도 무효화하고 영원히 산다.

한 대학원생은 자신의 원천적 원형인 그리스도와의 상호관계를 다음과 같이 표현했다.

"하나님과 나와의 깊은 교제 가운데 아무런 의심과 걱정 없이 하나님 얼굴만 바라며 순종할 때, 하나님은 나를 통해 세상 가운데 나타나시고 일하실 수 있다는 것이다. 하나님과 나와의 깊은 교제는 마치 나와 하나님이 하나로 되어 영원한 춤을 추는 것과 같다. 그런데 그러한 춤을 추지 못하는 내가 춤에 능숙한 멋진 왕자님의 발 위에 사뿐히 얹혀서 상상치도 못할 환상적인 아름다운 춤을 추게 되는 것과 같다는 이미지가 그려졌다. 내 안에 오직 하나님으로만 가득 찼을 때 황홀한 것이다. 그분으로만 내가 채워지기에 … 내 원천과 원형이 하나님이시기에 … 그분 안에서 진정한 '나'가 나오는 것이다."

10세기 동방정교회의 신학자 시메온(Symeon)은 "그리스도의 몸 안에서 깨어난다"라는 시를 썼다. 이 시는 마치 내가 살지만 내가 아닌 그리스도가 내 안에 사는, '진짜 나'가 자신 안에 온통 그리스도로 채워져 있음을 노래하는 듯하다.

> 그리스도가 우리의 몸을 깨울 때
> 우리는 그리스도의 몸 안에서 깨어난다.
> 그리고 나의 약한 손이 그리스도이다,
> 그가 내 발에 들어오고, 무한히 나이다.
> …
> 만일 우리가 진정으로 그를 사랑하면
> 우리는 그리스도의 몸 안에서 깨어난다.
> 모든 우리의 몸, 온통,
> 거의 모든 숨겨진 부분이
> 기뻐 뛰며 그로 깨달아질 때,
> 그는 우리를 완전히 진짜로 만든다
> 그리고 모든 상처받는 것, 우리에게 어둡고,
> 가혹하고 부끄럽고, 불구가 되고 추하며 돌이킬 수 없이
> 손상된 모든 것이 그 안에서 치유 변화되었다.

가지가 나무에 붙어 있음으로 열매를 맺듯이, 우리도 예수 그리스도와 하나로 연합되어 있음으로 그의 형상을 이루게 된다. 그 형상을 이루어 가는 자에게는 모든 상처가 치유되고 빛들의 자녀로 나타난다.

한 여대생은 그러한 삶의 한 예를 다음과 같이 전해준다.

제가 중학생일 때 저의 반의 친구가 도서관에서 공부하고 집에 돌아오는 길에 횡단보도에서 술 취한 남자가 음주운전을 해서 교통사고를 당하였습니다. 그 친구는 3-4 미터나 공중에 몸이 뜨고 나서 떨어져 식물인간이 되었습니다. 처음에 이 소식을 접했을 때에는 너무 충격이 크고 믿을 수가 없었습니다. 제가 사는 아파트 바로 옆이 사고 지점이었고 또 불과 몇 시간 전까지만 하더라도 같이 수업을 듣던 친구의 인생이 한순간에 송두리째 변했다는 것을 받아들이기가 쉽지 않았습니다. 더군다나 이런 충격적인 일을 감당하기에는 저 또한 너무 어린 나이였습니다. 설명 불가한 불안과 두려움이 엄습했고 한동안 마음의 고통과 충격은 저를 괴롭혔습니다.

그런데 제일 고통받고 힘드실 제 친구의 어머님께서 자기 딸을 식물인간으로 만든 음주 운전자를 원망하고 미워하는 마음이 드는 것이 정상일 법도 한데 어머님의 반응은 저를 놀라게 했습니다. 그 음주 운전자를 처벌받게 고소할 수도 있었지만, 신실한 기독교인이신 어머님은 예배와 기도로 자기 자신을 붙잡으셨고 그 음주 운전자도 한 가정의 아버지이고 책임질 아이들이 있는 가족의 기둥인데, 인간적인 방법으로 이기적으로 처벌받게 고소하면 그 가정을 파탄 내는 것이라고 처벌하는 걸 포기하시고 그를 용서하셨습니다. 죄는 미워해도 사람은 미워하면 안 된다고 말씀하시던 그 어머님의 말씀이 저의 마음을 울리고 저 자신을 되돌아보게 하였고, 기도로 하나님을 찾고 평안을 찾게 되는 간접 경험을 하게 되었습니다. 친구 어머니의 지혜로 한 가정의 파탄을 막을 수 있었고, 비록 친구는 희생되어 평범한 생활을 살 수 없게 되었지만, 그녀의 희생으로 인해 저를 포함한 주위 사람들의 생각을 변화시켰고 하나님을 다시금 바라보게 해주는 역사를 보게 되었습니다.

여러 해 전, 필자는 가르치던 베데스다대학 신입생 환영회에 초대받았다. 끝날 즈음에 한 여성이 평화로운 얼굴로 간증했다. 그 분에게는 22살 난 외아들이 있었다. 그는 장차 의사가 되어 선교사가 되기를 희망했었다. 그러나 어느 날 달리는 차에서 마약에 취한 친구가 그를 차 밖으로 밀쳤다. 그 순간 그는 땅에 떨어져 충격에 목숨을 잃고 말았다. 사랑하는 아들을 잃은 그 어머니는 강렬한 슬픔에 빠졌다. 자기 아들을 죽게 한 그 인간을 용서하는 것도 쉽지 않았다. 그녀는 그 와중에 갑상선 암까지 앓게 되었다. 그때 그녀는 어찌할 수 없는 가운데, 주님께 나아가 기도했다. 아버지께 나아가 기도할 때, 하나님께서 말씀으로 그녀의 마음을 정결케 하셨다. 치유해 주셨다. 그러자 그녀를 괴롭힌 분노와 원한, 슬픔과 어둠이 신기하게도 모두 사라졌다. 아들을 죽인 원수도 용서했다. 그러자 갑상선 암도 다 나았다. 그녀는 "내가 사나 내가 아닌 그리스도"가 그녀에게 사심을 확실하게 체험했다고 하였다. 주의 영으로 말미암아 그녀의 슬픔은 변하여 기쁨이 되었다.

이처럼 우리의 원형 그리스도의 형상이 발현될 때, 우리는 비로소 이

옷에게 작은 그리스도가 된다.

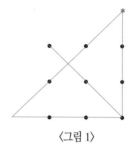

〈그림 1〉

엘 그레코의 그림을 보면, 사람의 형체가 길쭉하고 늘어나거나 움직이는 것을 볼 수 있다. 이는 약한 인간이 하나님의 능력 안에서 온전해지고, 죽을 인간이 죽지 아니함을 입으려는 열망을 표현하고 있다. 이러한 그림 속의 모든 선은 정확하게 하나의 유일한 점, 곧 그림 바깥에 존재하는 점과 연결되어 제대로 된 그림이 나오게 된 것이다.

만일 평면 위에 있는 아홉 개의 점을 네 개의 직선으로 연필을 떼지 않고 연결하려고 하면 할 수 없다.(그림 1) 그러나 그 점 바깥에 존재하는 새벽별 같은 밖에 있는 한 점과 연결될 때는 모든 점이 연결된다.

필자가 상담한 김동일이라는 청년은 고등학생 때, 화난 아버지가 골프채로 그의 머리를 때려, 뇌 수술을 받았고, 그 후 자신은 아내를 폭행하며 이혼을 거듭하고 자살 충동에 시달렸다. 그는 자신에게 왜 그렇게 불행한 사건들이 일어났는지 이해가 되지 않았다. 그는 그러한 트라우마에서 벗어나기 위해 오스트레일리아를 포함한 여러 나라를 방문하여 치유세미나에 참석했었다. 그렇지만 해답을 얻지 못했다. 그러한 그가 자신의 원천적 원형인 그리스도를 만났을 때 궁극적인 해답을 찾을 수 있었다. 곧 선들 바깥에 존재하는 그리스도를 상징하는 유일한 점에, 그의 불행했던 인생 사건의 여러 점이 모두 하나로 연결되어 꿰어지면서, 그는 그리스도의 형상을 이루는 본래의 자신을 찾을 수 있었다.

우리 인생은 험한 세상을 살아가면서 왜? 이런 일이 내게 일어났나, 이런 삶과 자신은 내가 바라던 것이 아닌데, 옛날로 돌아갈 수 없냐고 한탄할 때가 있다. 상실과 아픔에 자신과 현실을 받아들이지 못한 채 망연자실하기도 한다. 비록 그러할지라도, 우리가 나온 산 원형인 그리스도를 만나면 진정한 자신을 찾을 수 있다. 그는 모든 인생 문제의 최종적인 해답이다.

하나님의 뜻대로 부르심을 받은 자 곧 하나님을 사랑하는 자에게는 모든 상실과 아픔과 흐르는 눈물까지도, 협력해서 선을 이루고 그리스도와 같은 형상을 이루어가게 한다. 눈물로 말할 이야기지만, 말기 암과 투병하는 커크 허치슨 목사는 모든 것이 합력하여 자신을 예수 그리스도의 형상을 이루어가게 하심을 알고 주님을 찬양했다.

> "우리는 하나님께서 모든 일을 하나님을 사랑하는 사람, 즉 하나님의 목적을 위해 부름을 입은 사람들의 선을 위하여 하신다는 것을 알고 있습니다. 하나님께서는 전부터 아셨던 사람들을 그분의 아들과 동일한 형상을 갖도록 미리 정하시고…."(롬 8:28-29, 쉬운성경)

물과 기름은 이질적이라 하나 되지 못하지만, 물과 물은 동질이라 하나로 연합될 수 있다. 우리가 그리스도와 동일한 형상을 가지게 됨은 그와 사랑으로 하나되기 위해서이다.

하나님은 내 형상

그리스도는 내 원형인데,

그 원형 떠난 내 영혼

죄악 골에 떨어져

추락했었네

내 모양 깨어지고

산산이 부서졌네

사랑의 아버지 하나님

부서진 날 끌어안고

십자가 용광로에 녹여

그리스도 원형 안에 붓고

그 형상 따라 지으니

그리스도가 보이네

그의 영광 나타나네

2. 그리스도는 살려주는 영

"여호와 하나님이 땅의 흙으로 사람을 지으시고 생기를 그 코에 불어넣으
시니 사람이 생령이 되니라."(창 2:7)

"기록된 바 첫 사람 아담은 생령이 되었다 함과 같이 마지막 아담은 살려
주는 영이 되었나니."(고전 15:45))

영어로 존재한다는 뜻인 Existence의 Ex(밖에서)와 Sists(존재한다)는 복합어로 우리의 존재는 밖에서부터 왔다는 것을 말한다.

스코틀랜드의 한 성에 있는 어떤 감옥에는 죄수를 사형시킬 때 땅속 깊이 파고들어간 가마솥 같은 형태의 감옥에 죄수를 넣고 그 원추형의 감옥을 회전시킨다. 그러면, 그 방안에는 정신을 잃지 않게 할 시계나 어떤 참고점도 없으므로, 그 죄수는 며칠이 지나면 기절한다. 그런데 한 죄수는 6일이 지나도 정신이 멀쩡했다. 그 죄수는 감옥에 들어가기 전에 차돌 6개를 주워 포켓에 넣고, 그것을 세면서 날짜와 시간을 기억함으로, 의식을 잃지 않았다. 밖에서 가지고 간 차돌이 그의 생명을 지켜 주었다.

우리는 우리 자신의 생명을 밖에서 끌어당겨 유지하고 있다. 이 생명은 우리 존재의 원천인 하나님에서 시작되었다. 우리는 하늘에 계신 우리 하나님과 근원적으로 연결되어 존재한다. 하나님으로부터 끊어지는 것은 죽음이다. 하나님은 "모든 육체의 생명의 하나님."(민 16:22)으로 우리 존재의 원천이며 생명의 주인이다. 그는 우리 영혼의 생명까지 주관하신다. "생명과 은혜를 내게 주시고 나를 보살피심으로 내 영을 지키셨나이다."(욥 10:12)

우리의 영은 어디서 왔을까? 하나님이 "흙으로 사람을 지으시고 생기를 그 코에 불어 넣으시니 사람이 생령"이 되었다. 그렇다면 우리 인간 창조에 등장하는 "생기(生氣)"는 무엇일까? 이는 히브리어 '네솨마'(neshamah)의 번역으로 '숨', '호흡', '영', '생기'란 뜻이다. 이 "생기"의 '기 또는 기운'은 영과 동의어이다.

"나의 호흡(네솨마)이 아직 내 속에 완전히 있고 하나님의 숨결(루아흐)

이 아직도 내 코에 있느니라."(욥 27:3)에서 "네쇼마"와 "루아흐"는 동행 구를 이루고 있다. 모든 사람은 하나님의 생기를 받아서 생령이 되었다.

그러므로 김지선은 '기'를 가진 사람은 모두 성령을 가졌다고 보기도 했다. 기와 성령을 동일시 할 수는 없다 하더라도, 모든 사람이 영이신 하나님의 형상이다. 모든 사람이 자신과 이웃에게서 하나님의 형상을 볼 때, 이 땅에서 폭력은 사라지고 천국이 더 가까이 임할 것이다.

인간은 하나님이 주신 "생기"로 "생령"이 되었는데,(창2:7) 여기서 "생기"로 번역된 원전의 "네쇼마" 우리말 번역을 살펴보자.

신(神)을 뜻한다.

 " … 뉘 신(네쇼마)이 네게서 나왔느냐."(욥 26:4, 개역)

혼(魂)을 뜻한다.

 " … 내가 지은 그의 영과 혼(네쇼마)이 내 앞에서 피곤할까 함이라."(사 57:16, 개역개정)

영혼(靈魂)을 뜻한다.

 "사람의 영혼(네쇼마)은 여호와의 등불이라. …"(잠 20:27, 개역개정)

스가랴 선지자는 하나님이 사람 안에 영(靈)을 만들었다고 기록한다.

" … 땅의 기초를 놓으신 분, 사람 안에 영(루아흐)을 만드신 분께서
말씀하신다."(슥 12:1, 새번역)

"영"이란 말은 히브리어 "루아흐"의 번역으로 숨, 영, 생명력, 야훼의
영, 하나님의 영, 거룩한 영, 사람의 본성적인 정신과 같은 마음, 성향,
기질을 뜻한다.[22]

사람과 동물에 숨이 있다는 것은 같지만, 사람은 하나님이 그의 형상
과 모양대로 지으셨다. 아버지가 자신을 닮은 자식을 낳듯이 하나님은 사
람을 그의 영적 특성을 닮게 지으셨다. "그를 하나님보다 조금 못하게 하
시고 영화와 존귀로 관을 씌우셨나이다."(시 8:5) 또한 하나님은 짐승과 생
물을 만드신 후에는 "보시기에 좋았더라"(창 1:25)라고 하셨지만, 자신을 빼
닮은 사람을 만드신 후에는 "보시기에 심히 좋았더라."(창 1:31)라고 하셨
다.

주의 영이 우리 존재의 근거이다.(시 104:30)
사람의 영은 하나님으로부터 왔다.[23]
"하나님의 영이 나를 만드시고, 전능하신 분의 입김이 내게
생명을 주셨습니다."(욥 33:4, 새번역)

"만약 그분(하나님)이 마음먹고
그(분의)영과 숨을 거두신다면
모든 육신은 다 같이 숨을 거두고

사람은 흙먼지로 돌아갈 것입니다" (욥 34:14-15, 우리말성경)

"주님께서 주님의 영을 불어넣으시면, 그들이 다시 창조됩니다."(시 104:30, 새번역)

우리의 원천은 하나님의 영이다. 힘으로도 능으로도 되지 아니하고 오직 하나님의 영으로 된다.

하나님의 영과 그리스도의 영 그리고 성령은 동의어이다.

"만일 너희 속에 하나님의 영이 거하시면 너희가 육신에 있지 아니하고 영에 있나니 누구든지 그리스도의 영이 없으면 그리스도의 사람이 아니라. 또 그리스도께서 너희 안에 계시면 몸은 죄로 말미암아 죽은 것이나 영은 의로 말미암아 살아 있는 것이니라. 예수를 죽은 자 가운데서 살리신 이의 영이 너희 안에 거하시면 그리스도 예수를 죽은 자 가운데서 살리신 이가 너희 안에 거하시는 그의 영으로 말미암아 너희 죽을 몸도 살리시리라."(롬 8:9-11)

이는 곧 성령의 내주하심으로 성도들에게 보증된 우리 몸의 부활을 말한다. 이와같이 하나님의 영과 그리스도의 영 그리고 성령은 동의어로 동일한 영이다. 그리스도는 성령으로 늘 우리와 함께 하신다.[24]

그리스도의 영으로 말미암아 우리가 그와 같은 형상으로 변화되어 갈 때 모든 트라우마는 치유되고 기쁨이 넘친다.

그리스도는 우리를 살려주는 영이다.

"기록된 바 첫 사람 아담은 생령이 되었다 함과 같이 마지막 아담
은 살려주는 영이 되었나니."(고전 15:45)

하나님의 영이 에스겔 선지자에게 임하여 마른 뼈가 가득한 골짜기
가운데로 데리고 가서 말씀하셨다.

"또 내게 이르시되 인자야 너는 생기를 향하여 대언하라. 생기에게
대언하여 이르기를 주 여호와께서 이같이 말씀하시기를 생기야 사
방에서부터 와서 이 죽음을 당한 자에게 불어서 살아나게 하라 하셨
다 하라 이에 내가 그 명령대로 대언하였더니 생기가 그들에게 들어
가매 그들이 곧 살아나서 일어나 서는데 극히 큰 군대더라."(겔 37:9-
10)

이 뼈들은 오늘날 죽어가는 수많은 영혼을 가리키기도 한다. 그리스
도의 영이 죽은 자도 살린다.

그리스도의 영은 우리가 새롭게 지어지고 변화되어 가는 우리 영의
원천적 원형이다. 우리는 그의 장성한 분량에 이르게 되어 있다.

우리의 진정한 자아는 몸을 입은 영으로 하나님께로부터 나서 그리
스도의 영 안에 존재한다.

피아노를 조율할 때, 조율사는 표준 조율음에 따라 꼭 맞게 하여야

피아노가 소리를 바로 내게 된다. 한 집단의 악기들이 공연을 위해 조율하는 음높이의 기준을 표준 음높이 또는 표준 조율음이라고 한다. 우리의 영도 우리의 기준이요 표준인 그리스도의 영을 따라 조율되지 아니하면 우리 스스로가 불쾌하고 불용인 되는 불협화음 같은 존재가 된다. 그리스도의 '절대음'에 맞추어 '내 삶의 원칙'이라는 생명줄이 새롭게 조율되어야 한다. 우리는 그리스도의 절대음에 조율될 때 찬송할 수 있다. 그의 절대음에 나의 소리가 일치될 때 나는 그의 영광의 찬송이 된다. 우리의 영이 육신을 따라 조율되면 시기와 질투, 원한과 불평과 죽음의 소리를 낸다. 그러면 악한 영이 춤춘다. 그러나 우리의 영이 성령에 따라 조율되면 사랑과 희락과 화평이 넘치고 생명의 길로 간다. 여기에는 성령과 우리의 영이 함께 얼굴을 마주하고 춤춘다. 이렇게 춤을 추면서 우리는 그리스도와 같은 형상으로 영광 중에 변화되어 간다. 그러므로 우리의 영은 우리의 자아가 나온 그리스도의 영에 조율되어야 한다. 그러면 우리는 하나님의 아들로 나타난다.

> "무릇 하나님의 영으로 인도함을 받는 사람은 곧 하나님의 아들이라. 성령이 친히 우리의 영과 더불어 우리가 하나님의 자녀인 것을 증언하시나니."(롬 8:14,16)

하나님으로부터 나온 우리의 영은 성령에 순응해야 산다. 그리스도의 절대음에 자기 생명줄을 맞춘 자의 표는 항상 기뻐한다, 쉬지않고 기도한다, 범사에 감사한다. 이는 그리스도 예수안에서 우리를 향한 하나님의 뜻에 일치하는 것이기도 하다.

3. 죄악 원형을 치유 변화시키는 그리스도 원형

이른 봄 스위스 알프스 산에는 산 정상에서 아래로 일정 부분이 테를 두르며 하얀 눈이 눈부시게 덮혀 있다. 산 위 높은 곳만 눈에 쌓여있고 산 아래에는 눈이 없다. 이 알프스 산에는 눈이 쌓인 곳과 없는 곳을 나누는 눈의 선이 보인다.

눈의 선이 있듯 자연주의자들은 해수면 위의 어느 고도에 "뱀의 선"(snake line)이 있다고 한다. 이 선은 실제하고 구체적이며 고정되어서 수정할 수 없다고 한다.

미국 뉴잉글랜드 지방의 어떤 산악지대에서는 농장을 구매할 때 반드시 던지는 질문이 있다. 그것은 "이 농장은 뱀의 선 위에 위치하는가?"이다. 그 선 아래에는 아마도 사람과 동물에게 해를 끼치는 치명적인 파충류가 존재할 수 있다. 그러나 그 선 위에는 뱀이 살지 못한다. 그 선 아래에서는 사람이 파충류에게 희생될 수도 있다. 그러나 그 선을 넘어가면 안전하다.

사도 바울은 "허물로 죽은 우리를 그리스도와 함께 살리셨고", "또 함께 일으키사 그리스도 예수 안에서 함께 하늘에 앉히시니"(엡 2:6)라고 기록했다. 우리는 높은 하늘에 있는 존재이다. 우리는 죽었고 우리의 생명은 그리스도와 함께 하나님 안에 감추어져 있다. 그러므로 우리는 위의 것을 찾아야 한다.

우리의 존재에 성령이 다스리는 하늘의 높은 차원이 있는가 하면, 사탄이 다스리는 땅의 낮은 차원이 있다. 세상의 낮은 차원에서는 괴롬과 죄와 죽음이 있고, 하늘 높은 차원에서는 빛과 사랑과 생명이 넘친다. 낮은 차원에는 악한 영 죄악 원형이 인간을 포로로 사로잡지만, 높은 차원에는 우리를 살리는 영인 그리스도의 영, 그리스도 원형이 우리를 자유하게 한다.

"그리스도 원형"이란 그리스도의 원형이란 말이 아니라, 그리스도의 영의 실체, 그의 임재를 의미한다. 그리스도가 처음이며 마지막이고 우리는 그에 의해 그로 말미암고 그를 위해 그의 형상대로 지어져 그와 동일한 형상을 이루어 가니 그가 우리의 원형이다. 그보다 앞선 것은 없고 그보다 더한 것도 없다.

악한 영 "죄악 원형"에서는 영혼의 기만자요 파괴자인 사탄의 공격이 빈번히 일어난다. 죄 가운데서는 영적인 소모, 거짓, 정욕, 빈곤, 피로, 고갈, 슬픔, 우울, 낙심, 절망, 그리고 붕괴가 있다.

하지만, 우리를 살리는 영 "그리스도 원형" 안에서는 거룩, 진리, 영적 충전, 사랑, 소망, 기쁨, 용서, 풍성함, 안전, 성령의 능력과 인내와 부활과 영생이 있다.

많은 영혼이 한 맺힌 죄악 원형에 갇혀 있는데, 오직 우리를 살리는 영인 그리스도 원형 안에서 자유하게 된다. 그리스도는 죄악 원형을 이기고 그의 자녀를 빛과 생명 가운데로 이끌어 내셨다. 그는 십자가에서 죄악과 악령과 죽음을 정복하시고 그를 믿는 자들에게 영생을 주셨다. 그리스도 안에서는 어떤 상실도 회복된다. 그 안에서는 죽은 자도 살아난다. 그는 그를 믿는 자에게 부활과 생명이 된다. 한 맺힌 죄 원형은 우리를 곤고하게 하고 갇히게 하나, 그리스도 원형 안에 있는 생명의 성령의 법은 우리를 자유케한다.

원형이라는 말은 본래 하나님과 그리스도의 영을 상징하지만,25 죄로 깨어진 세상에, 어두운 영, 악한 영이 아담의 역사에 비집고 들어와 죄악 원형을 만들었다.

그래서 사도 바울은 에베소 교회에 보내는 서신에 이렇게 기록하였다. "우리의 씨름은 혈과 육을 상대하는 것이 아니요. 정사들과 권세들과 이 어둠의 죄악 주관자들과 하늘에 있는 악의 영들을 상대함이라."(엡 6:12) 여기서 "정사"는 헬라어 알케(arche)의 번역으로 시작, 근본, 통솔자를 뜻한다. 하나님을 지칭할 때 사용되는 이 말이 죄와 한을 가져오는 악한 영들을 지칭할 때도 사용되었다.

우리의 근본과 원형은 그리스도와 성령과 하나님밖에 없다. 그러나 죄로 깨어진 세상에 죄악의 근본인 악한 영들이 들어왔다. 가인이 죄 없는 동생 아벨을 시기하여 죽임으로 말미암아 아벨의 한 맺힌 피가 땅에서 부르짖고 있다.

유대인이 외경에 대해 저술해 놓은 슈데피그라파(Pseudepigraha)도 우리

에게 혈육으로 하지 않는 싸움이 있음을 말한다. "땅은 악령으로 가득차
있다. 인간은 그들에 의해 오염된다. 거의 모든 불행들, 이를테면 질병,
가뭄, 죽음, 특히 언약을 신실하게 지키지 못하는 인간의 나약함들은 그
악령들로 말미암는다. 하늘과 땅 사이에 있는 지역은 악령들과 천사들
에 의해 어지럽혀져 있으며, 인간은 종종 그런 우주적인 세력에게 볼모
가 되어 무기력한 존재로 보여지기도 한다." 26

줄리 엑스라인(Julie Exline)에 의하면, 악령의 소리를 듣는다고 하는 현
대인들도 많은 데 그중에는 정신적 어려움의 문제라고만 할 수 없는 경
우가 많다.

필자가 이탈리아를 방문하여 중학교 선생님인 프란체스카를 만났다.
그녀는 이탈리아인으로서 버클리에서도 공부한 인텔리요, 훌륭한 성품
을 지닌 가톨릭신자인데, 자신이 겪고 있는 영적인 문제에 대하여 진지
하게 내게 질문을 하였다. 그녀가 교회에 가서 문을 열고 들어가려는 데
안에서 문을 열지 못하도록 미는 악한 영의 존재를 느꼈다고 했다. 다른
교회에 가서도 문을 열려고 하는데 역시 그 문을 열지 못하게 미는 힘을
경험했다고 했다. 악령은 악을 보인다. 불쌍한 영혼이 하나님을 만나지
못하게 막는 것은 악이다. 나는 그녀가 하늘나라를 위해 큰 일을 할 것
을 사탄이 알기 때문에 막으려 함을 느낄 수 있었다. 예수님이라면 그에
게 오는 자를 다 영접하고 쉼을 주셨기 때문이다. 그녀는 진지하게, 귀신
이 방해했다면 교회에도 사탄이 있느냐고 물었다. 욥도 사탄에게 시험
을 받았고, 하나님의 아들 예수 그리스도께서도 친히 사탄의 시험을 받

으셨다. 그는 말씀으로 사탄을 물리치셨고 귀신 들려 고통받던 수많은 사람을 고쳐주셨다. 한번은 프란체스카가 방에서 잠을 자려는데, 바람 소리가 나며 두꺼운 옷장 문이 열렸다고 했다. 창문은 닫혀 있고 조용한 방에서 그런 일이 일어났지만 두렵지는 않았다고 했다. 사도 바울도 말했듯 우리의 씨름은 혈과 육이 아닌 정사와 권세와 이 어둠의 세상 주관자와 악한 영에 대한 것이다.

쥐가 먹을 음식이 있으면 찾아 오듯이, 우리 마음 속에 죄악으로 가득한 영적인 문제와 상처와 병적인 열등감, 만성적인 우울을 포함하는 정서적인 문제들, 예를들어 용서하지 못하고 분노하며 원한에 쌓여 있을 때에도 악한 영이 들어 올 수 있다. 필자의 한 학생은 다음과 같은 체험을 나누어 준다. "저희 부부가 목자였을 때, 섬겼던 목원인 한 자매가 2박 3일 내적치유 프로그램에서 그 자매 안에 있던 사탄이 드러났습니다. 그 프로그램의 팀멤버로 참석한 와이프가 그 자매를 위해 기도하면서 상담 했습니다. 그런데 그 원인이 아버지에 대한 상처임을 알았습니다. 그래서 사탄이 떠나가도록 몇몇 팀멤버들과 함께 몇 시간 동안 기도했지만, 몸만 꿈틀거리고 자매가 많이 힘들어 했습니다. 그러던 중 와이프가 따로 일대일로 조용한 자리로 가서, '그 아버지를 용서하지 않으면 안 된다. 그러니 지금 아버지한테 전화해서 용서하라'고 요청했고, 그 자매가 '아버지 용서해요'라는 말과 동시에 사탄이 소리 지르며 떠나 갔습니다. 그후로 그 자매가 온집안 식구를 교회로 인도하는 역사가 일어났습니다.

제가 느낀것은 용서하지 못함이 영적으로 얼마나 사람을 힘들게 하는

지, 사탄이 그 틈을 이용하여 사람을 죽이고 멸망시키게 하는지를 깨달았습니다. 또 협력하여 선을 이루게하시는 하나님의 은혜를 받았습니다."

필자도 약 10년 전 빅베어 산에서 기도할 때, 짱구같이 생긴 마귀가 내 안에 들어와서 억지를 쓰고 훼방하는데, 내 힘으로는 도저히 이길 수 없었다. 나는 옆에서 기도하는 목사님께 기도로 도와 달라고 부탁했고 그분과 함께 기도하니 사탄이 나갔고 다시는 그런 일이 없었다. 대신 주의 성령이 계속 나를 지켜 주셨고 나를 감동시켰다.

스콧 펙은 자신이 만난 수많은 환자 중 치료되지 않거나 해결되지 않은 경우가 있었는데, 돌이켜보니 정신질환의 문제가 아니고 악의 문제였음을 깨달았다.

그는 자신의 책 『거짓의 사람들: 인간 악을 치료할 수 있는 유일한 희망』(People of the Lie: The Hope for Healing Evil)에서 거짓의 사람들을 악한 사람들로 규정한다. 그는 악함의 원인으로 병적인 나르시시즘과 마땅히 치러야 할 대가를 치르려 하지 않는 게으름, 그리고 이런 심성을 가진 사람들을 조종하는 사탄의 세력을 들고 있다. 그는 악한 영에 대해 경고한다.

"사탄이 갖고 있는 유일한 힘은 거짓을 믿는 인간의 신념을 통해서만 나타난다. … 악의 영은 비현실의 영이지만 그러나 그것은 엄연히 현실로 존재하는 것이다. … 인간의 마음에 자신의 현존성을 감쪽같이 숨겨 버리는 일이다. 사탄은 그 점에서 전폭적인 성공을 거두었다."

예수 그리스도는 자신을 유혹하는 사탄을 아시고 물리치셨다. 그리스도는 십자가 죽음과 부활로 사탄과 죽음을 정복하셨다. 또한 그는 죄로 깨어진 사람의 마음을 보시며 말씀하셨다.

"속에서 곧 사람의 마음에서 나오는 것은 악한 생각 곧 음란과 도둑질과 살인과 간음과 탐욕과 악독과 속임과 음탕과 질투와 비방과 교만과 우매함이니 이 모든 악한 것이 다 속에서 나와서 사람을 더럽게 하느니라."(막 7:21-23)

버트란트 러셀은, "악이 있는 곳은 우리 마음 속이며, 악이 뽑혀 나가야 할 곳도 바로 우리 마음 속이다"라고 하였다.

존경받는 지킬 박사 안에 아담이 지은 죄악 원형의 포로된 하이드 씨가 도사리고 있다. 사람들이 죄와 악이 가득한 영상매체를 즐기는 것도 자신들의 정신 속에 있는 죄악원형의 그림자를 반영하고 있기 때문일 수 있다.

희망의 신학자 몰트만(Moltmann)도 인간을 잡아매는 이상한 끈과 같은 어두움의 집단적인 세력이 있다고 하였다.

인간의 관계들 속에서 개인들과 세대들의 공유된 경험을 넘어서, 사람들의 심리 자세와 외부의 관습에 고정된 형태를 습득하는 집단적인 경험이 있다. 이들이 개인의 자신에 대한 경험을, 구체화하고 (대개 무의식적으로), 익명으로 한 사회의 집단적 행동과 가설을 조정한다. 이들 형태들이 공동의 생활을 하게 하지만, 이들 역시 맹목적이고 죄 된 것이다. 만일 사람이 이것들로부터 개인적으로 관계를 끊으려 해도 자신들 스스로를 해방할 수 없는 공동적인 경험들이 있는데, 왜냐하면, 이러한 것들은 자신을 계속해서 따라붙기 때문이다.27

우리 원래의 원형은 우리가 창조 된 하나님의 형상뿐이다. 그러나 죄로 깨어진 사람의 정신 속에 죄악 원형이 들어왔다.

가인은 자신의 원형인 하나님의 형상을 관리하고 지키지 못함으로 죄악 원형에 갇혀 인류 첫 살인자가 되었다. 그는 자기 영혼을 잃고 이 어두움의 죄악 주관자들에게 사로 잡혀 인류사에 죄를 불러오는 불명예스러운 악의 효시가 되었다.

"죄를 짓는 자는 마귀에게 속하나니 마귀는 처음부터 범죄함이라 하나님의 아들이 나타나신 것은 마귀의 일을 멸하려 하심이라."(요일 3:8) 이것은 실상황이다.

인간을 갇히게 하는 모든 죄와 악, 우매와 교만과 시기, 열등감, 분노와 원한, 불신과 부정, 살인 등도 모두 죄악 원형에 속한다.

사도 바울은 악한 영을 경험했을 뿐 아니라, 특히 자신의 지체 속에서 자신을 포로로 하는 죄악 세력을 느끼며, "내가 원하는 바 선은 행하지 아니하고 도리어 원하지 아니하는 바 악을 행하는도다"(롬 7:19)라고 하였다. 그는 악에 포로된 자신을 발견했다.

"만일 내가 원하지 아니하는 그것을 하면 이를 행하는 자는 내가 아니요. 내 속에 거하는 죄니라. 그러므로 내가 한 법을 깨달았노니 곧 선을 행하기 원하는 나에게 악이 함께 있는 것이로다" (롬 7:20-21)

그는 자기 안에서 자신을 포로로 잡는 죄의 세력에서 자기 자신의 힘과 노력으로는 탈출할 수 없음을 고백한다.

"내 속사람으로는 하나님의 법을 즐거워하되, 내 지체 속에서 한 다른 법이 내 마음의 법과 싸워 내 지체 속에 있는 죄의 법 아래로 나를 사로잡아 오는 것을 보는도다"라고 외치며, "오호라, 나는 곤고한 사람이로다. 이 사망의 몸에서 누가 나를 건져내랴."(롬 7:24)라고 탄식했다.

죄로 죽을 수밖에 없는 인간은 오직 그리스도 예수 안에 있는 생명의 성령안에서 자유하게 된다.

"그러므로 이제 그리스도 예수 안에 있는 자에게는 결코 정죄함이 없나니, 이는 그리스도 예수 안에 있는 생명의 성령의 법이 죄와 사망의 법에서 너를 해방하였음이라."(롬 8:1-2)

여기서 "생명의 성령의 법"은 그리스도께 속하고 "죄와 사망의 법"은 악한 영에 속한다. "생명의 성령의 법"이란 성령의 본질이 생명이고 그에게서 생명이 결실되게 됨을 말한다. 법이란 규정짓는 원리 곧 복음이며, 성령은 그 법을 지시하는 하나님의 영이고, 생명이란 예수의 생명에서 출발하여 생명을 일으키고 나누어 주는 것이다.

놀라운 것은 이미 그리스도 예수 안에 있는 생명의 성령의 법이 죄와 사망의 법에서 우리를 해방하였다는 사실이다.

"의로우신 주님께서 악인의 사슬을 끊으시고, 나를 풀어주셨다."(시편 129:4, 새번역) 우리는 이제 주의 영 안에서 우리를 얽어맸던 모든 원한과 쓴 뿌리와 분노, 시기 질투, 교만, 두려움, 원망과 열등감, 수치심, 죄책감, 질병과 사망, 악한 영에서 자유하게 되었다.

죄악 원형에 갇혀서는 아무리 용서하려 해도 용서가 안 된다. 그러나 우리의 원형인 그리스도의 영 안에서는 "위대한 용서의 빛, 눈으로는 볼 수 없는 빛, 이 세상에 속하지 않은 하나님의 빛으로 용서가 된다."[28] 용서가 되지 않을 때 그리스도 안에서 용서가 된다.

허물과 죄, 돌이킬 수 없는 후회와 상실 등은 인간을 무력하게 하며 절망으로 치닫게 만든다. 셰익스피어의 리어왕은 이러한 고통 속에서 '나는 불의 바퀴 위에 묶여있어 나 자신의 눈물은 녹은 납과 같이 끓고 있다'고 부르짖었다. 노벨상을 받은 밥딜런(Bob Dylan)도 한치의 앞을 내다볼 수 없는 어둠 속에서 죽어가며 슬피 울부짖는 영혼들의 노래 '나는 천국의 문을 두드려요'를 불렀다.

죄악 원형은 인간을 갇히게 하는 죄와 악한 영, 인간을 포로로 사로잡는 한과 모든 어두운 세력을 포함한다. 죄악과 한의 원형은 인간을 갇히게 하고 삶을 마비시키며 소멸하려 한다. 그런데 우리의 원형인 그리스도의 영은 한 맺힌 죄악 원형을 근본적으로 포용하여 치유하고 변화시킨다.

그리스도 원형 안에서 우리가 거듭나게 된다. 우리의 원형인 그리스도 안에서 우리는 새로운 피조물이 된다.

그리스도의 영과 그의 임재는 그리스도 원형의 실체이다. "그리스도 원형" 안에서 한은 영광으로 변화된다.

우리 인생에서 가장 좋고 온전한 것, 완전한 선물은 다 위로부터 즉 빛들의 아버지 하나님에게서 내려온다. 그는 회전하는 그림자도 없다. 우리의 상실과 내면의 아픔과 고통도 물질과 지식을 포함하는 세상 그 무엇이 고치는 것이 아니라, 오직 하나님의 영만이 치유할 수 있다.

성령이 임재하는 그리스도 원형이 한과 죄악 원형의 사슬에 매여 헤어나오지 못하는 영혼들을 풀어주고 해방한다. 우리의 영혼이 외상과 절망으로 사느냐 죽느냐 하는 순간도 그리스도 원형의 빛을 받을때 생명의 길로 간다. 승리자가 된다. 그리스도 원형의 빛을 받을 때, 우리 참자아의 원형인 그리스도가 우리를 자유하게 한다. 그리스도 원형 안에 실재하는 전능하신 하나님의 영이 죽은 자도 살린다. 이 그리스도 원형 안에 사랑과 기쁨과 감사가 넘친다. 주의 영이 임재하는 그리스도 원형 안에서는 심령이 상한 자도 그리스도의 형상을 이루어 가며 치유된다.

욥은 그의 모든 자녀와 재산을 잃고 병까지 들고 인간관계마저 심하게 흔들렸다. 그는 삶의 위기에 부딪혔다. 악과 한 원형의 포로가 되었다. 그러한 그가 성령 안에서 하나님을 뵈었을 때, 자신을 사로잡은 모든 죄악과 한의 원형 사슬이 끊어지고 자유롭게 되었다. 그가 회개할 때 그는 주의 형상으로 변화되어 갔다.

"내가 주께 대하여 귀로 듣기만 하였사오나, 이제는 눈으로 주를 뵈

옵나이다. 그러므로 내가 스스로 거두어 들이고 티끌과 재 가운데 서 회개하나이다."(욥 42:5-6)

어떻게 그리스도 원형이 내 안에 거하심을 알 수 있는가? 하늘에서 내려오신 예수님이 다시 하늘로 올라가시면서 보내주신 그리스도의 성령이 우리 안에 내주하셔서 그리스도 원형의 실체를 이루시는 증거가 되신다.

그리스도는 우리를 살리는 원형이다.

필자의 한 학생은 다음과 같이 말했다.

"진실로 사람은 '오직 그리스도 안에서 그로 말미암아 참자아가 되며' 모든 심리적 정신적 문제들로부터 우리를 살려주는 원천적인 원형은 오직 살아 계신 '그리스도'이심을 고백하게 된다."

아담 "한 사람의 범죄를 인하여 많은 사람이 죽었은즉 더욱 하나님의 은혜와 또한 한 사람 예수 그리스도의 은혜로 말미암은 선물은 많은 사람에게 넘쳤느니라."(롬 5:15)

"사망이 한 사람으로 말미암았으니 죽은 자의 부활도 한 사람으로 말미암는도다. 아담 안에서 모든 사람이 죽은 것 같이 그리스도 안에서 모든 사람이 삶을 얻으리라."(고전 15:21-22)

우리의 원천적 원형인 그리스도 안에서 모든 사람이 살아나게 된다. 그는 "살려주는 영."(고전 15:45)이요, 부활과 생명이다.

그는 우리의 일상적인 삶에서 죽어가는 영혼을 살려 주실 뿐 아니라 세상 마지막 순간에 우리를 영원히 살게 하여 주신다. 곧, "나팔 소리가 나매 죽은 자들이 썩지 아니할 것으로 다시 살고 우리도 변화하리라."(고전 15:52)

어둠의 영, 한과 악, 분노, 상실과 슬픔, 트라우마는 사람의 목을 조이기도 한다. 그러나 성령 그리스도 원형은 우리를 포로로 잡는 이 모든 죄악 원형에서 우리를 해방한다. 그리스도 안에는 참된 치유와 무한한 자유가 수반된다.

컴퓨터가 바이러스에 감염되어 더 이상 사용할 수 없게 되었을 때, 제품 출시 당시의 프로그램을 깔면 작동되듯이, 우리의 정신이 죄악 원형에 의해 왜곡되고 깨어졌다 하더라도, 성령 그리스도 원형에 의해, 우리는 온전하게 되고, 새사람이 된다. 오직 우리를 살리는 영인 그리스도 원형만이 한맺힌 죄악 원형을 감싸고 치유 변화시켜서 우리로 하여금 하나님의 자녀로 거듭나게 한다.

그리스도 예수는 "불순종의 아들들 가운데서 역사하는 영"(엡 2:2)을 따라 죄악에 갇혀 죽었던 우리를 살리셨다.

사도 바울은 에베소 교회에 보내는 서신에 이렇게 썼다.

> "그는 허물과 죄로 죽었던 너희를 살리셨도다. 그 때에 너희는 그 가운데서 행하여 이 세상 풍조를 따르고 공중의 권세 잡은 자를 따랐으니 곧 지금 불순종의 아들들 가운데서 역사하는 영이라… 긍휼이 풍성하신 하나님이 우리를 사랑하신 그 큰 사랑을 인하여 허물

로 죽은 우리를 그리스도와 함께 살리셨고."(엡 2:1-5)

오직 하나님의 영만이 우리를 살리시며, 온전하게 한다.

"… 만군의 여호와께서 말씀하시되 이는 힘으로 되지 아니하며 능력으로 되지 아니하고 오직 나의 영으로 되느니라."(슥 4:6)

실로, 예수 그리스도로 말미암아, "흑암에 행하던 백성이 큰 빛을 보고 사망의 그늘진 땅에 거주하던 자에게 빛이 비치도다."(사 9:2)

한 맺힌 죄악의 껍질 속에 갇혔던 자도 생명의 성령 안에서는 자유하게 된다. 다음은 "자유"란 시이다.

껍질 속에서 살고 있었네 내 어린 영혼
껍질이 난지 내가 껍질인지도 모르고
껍질 속에서 울고 있었네 내 슬픈 영혼
눈물이 난지 내가 눈물인지도 모르고
그를 만난 뒤 나는 알았네
내가 애타게 찾던 게 뭔지
그를 만난 뒤 나는 알았네
내가 목마르게 찾았던 자유

진리인 그리스도 안에서만이 참 자유를 알고 누리게 된다. 우리가 그리스도를 닮아가며 자유하게 될 때, 우리의 영육을 제어할 그 어떤 것도 있을 수 없다.

워론 위어스비는 자유에 대해 다음과 같이 말했다.

당신이 주 예수 그리스도를 닮으면 닮을수록 당신의 잠재력을 더욱더 나타내게 한다는 것이다. 우리는 하나님이 우리의 삶 속에서 행하시는 능력을 보기만 하면 된다! 당신에게는 재능이나 능력이 없다고 생각하는지 모른다. 그러나 당신이 자유를 더욱더 체험하면 체험할수록 당신의 잠재력은 보다 더 나타나게 된다. 자유는 진리에 의하여 지배되고 사랑의 동기를 가지고 사는 삶이다. 자유는 예수 그리스도와의 살아있는 관계, 즉 그와 동행하고, 그와 대화하며, 그리고 그에게서 배우는 일의 결과이다.

우리의 원형인 그리스도를 본받는 자는 그의 사랑과 진리와 생명의 빛 안에서 영육 간에 참된 삶과 자유를 누린다.

필자의 책 『내게 새겨진 하나님의 형상 참 자기』를 읽고 한 여대생이 다음과 같이 말했다.

"책을 읽으며 한의 태고 유형 부분이 참 많이 인상 깊었다. 나는 티비(T.V.)나 영화 다큐멘터리를 보다가 눈물을 자주 보인다. 그렇게 슬프지도 않은 것에 감정이 쏟아질 때가 많았다. 왜인지 들여다보고 싶지 않았다. 뭔가 들춰내고 싶지 않은 것들이 건드려지는 게 싫어서였다.

그러나 참 자기를 찾으려면 내 안에 슬픔이 뭔지 정확히 알 필요가 있었다. 단순히 슬픔만 있는 것이 아니란 것을 자신도 알고 있었기 때문이었지만, 쉽사리 그것을 볼 용기가 없었다.

그런데 '개인이 가지고 있는 한으로 피해 본 자신에 대한 이미지를 본래의 자기인 그리스도와 똑같은 이미지로 바꾸어 주는 것이 영적 치료의 궁극적 목표다. 죄와 분노, 한으로 분열되어 있는 우리 자신의 찢기고 조각난 모습들이 하나님의 사랑을 깨달으며 치유되어 그리스도의 형상을 이루어 갈 때, 정금같이 나오게 된다'는 구절이 격려와 도전이 되었다. 하나님의 형상인 본래의 자기를 찾아 … 상처를 회복하고 온전하며 기뻐지는 여정이 시작되었다."

찰스 웨슬리가 지은 찬송가의 한 가사는 죄악에 묶인 우리가 성령안에서 자유하게 됨을 잘 선포해 준다.

죄와 밤의 세력에 묶여
오랫동안 갇힌 내 영혼.
당신의 눈에서 생명의 빛 흘러나와
칠흑 같은 어둠, 빛으로 불타오르고 나는 깨어났네.
나의 사슬 풀리고 내 마음은 자유 얻었네.

나는 일어나 당신을 따랐네.

찰스 웨슬리는 죄와 어둠의 세력에 묶인 영혼이 생명의 성령에 의해 자유를 얻었음을 노래했다.

우리의 원천인 그리스도의 영으로 말미암아 우리는 성령의 열매를 맺으며, 더욱 그와 같은 형상으로 변화되어 간다.

죄악 속에는 사탄이 거할 수 있지만, "그리스도는 악을 정복하고 사탄과 죄의 근원(archetype)을" 무효화시켰다.[29] 많은 영혼이 죄악에 갇혀 있는데, 오직 우리를 살리는 영인 그리스도 안에서 자유하게 된다. 그리스도로 말미암아 사망이 이김의 삼킨 바 되었다.(고전 15:54) 죽음을 피할 수 없는 인간도 부활이요, 생명인 그리스도 안에서는 영생한다.

인생의 목을 조이는 염려와 사망의 세력도 하나님의 형상을 따라 의와 진리의 거룩함으로 지음 받은 영혼을 건드릴 수 없다. 한 대학원생은 길과 진리인 그리스도 안에서 자신이 참 자유를 누리게 됨을 다음과 같이 고백했다. "하나님을 믿고 신앙생활을 한지 20년 가까이 되어 가면서 제가 느낀 건 내가 주님 안에 거할 때 나를 누르던 모든 삶의 문제가 더이상 문제로 느껴지지 않는 것이었습니다."

하나님은 우리에게 변치 않는 사랑과 자비를 베푸신다. 우리는 그리스도 안에서 사랑하며 승리하게 된다.

"내가 확신하노니 사망이나 생명이나 천사들이나 권세자들이나 현재 일이나 장래 일이나 능력이나, 높음이나 깊음이나 다른 어떤 피조물이라도 우리를 우리 주 그리스도 예수 안에 있는 하나님의 사랑에서 끊을 수 없으리라."(롬 8:38-39)

모톤 켈시(Morton Kelsey)는 인간의 성장을 위한 가장 중요한 문제를 다음 두 가지로 지적했다: 우리는 어떻게 우리 자신들의 모든 것을 하나님 사랑의 충만한 데로 가져올 것인가? 그리고 어떻게 어두운 파괴적인 세력들에 의해 전염된 불일치에 우리 자신들이 빠져들어가는 것을 막을 수 있는가?30

원한이나 분노, 시기나 열등감, 정욕과 교만 그리고 나태 같은 어둠의 영이 우리를 우울하게 할 때, 우리는 성령 안에서 '사탄아 물러가라, 이 악한 영아 사라져라'고 명하며 승리의 찬가를 불러야 한다.

주의 영으로 말미암아, 우리가 그의 형상을 이루어 갈 때, 모든 상처는 치유되고 세상을 이긴다.

에드워드 페이슨(Edward Payson,1783-1827)은 1803년 하버드 대학을 졸업했고 죽는 날까지 목회하였다. 프린스턴 신학대학원의 아키발드 알렉산더 교수는 1844년, "우리나라에서 에드워드 페이슨 목사보다 뛰어난 경건의 고결한 성격을 가진 사람은 없다"라고 말하였다.

1804년 페이슨에게 그의 동생의 죽음은 그의 회심을 불러일으켰다. 이 사건은 21살의 그에게 가장 결정적인 변화의 계기가 되었다. 그는 어머니에게 편지하여 그리스도와 맺은 새로운 관계에 대해서 말했다.

"저는 아주 행복합니다. 너무 행복해서 생각하거나 글 쓰는 일도 할 수 없을 정도랍니다."

인간적으로 볼 때 페이슨은 남동생의 죽음으로 뿌리째 흔들렸던 때가 있었다. 또한 조울증으로 고생했으며 여러 날을 극심한 편두통에 시달렸다. 또한 말에서 떨어져 팔이 마비되었으며 결핵으로 거의 죽을 뻔도 했다. 그러나 놀랍게도 그는 이런 일들에 절망하거나 희망을 잃지 않았다. 그의 친구들은 에드워드가 죽기 전에 아주 기뻐했다고 했다.

그는 모든 수족이 마비되어 침대에 묶여 있을 때조차 성령 하나님이 주시는 기쁨으로 가득했다. "저의 행복감을 표현할 길이 없습니다." 그는 한 친구에게 다음과 같이 썼습니다. "이는 마치 기쁨의 강물에서 수영을 하고 있는 듯합니다. 이 강물은 나를 놀라운 샘으로 인도하고 있습니다."

그는 비록 40대에 병으로 죽어가면서도 성령 안에서 주의 형상을 이루어 가며 영원한 기쁨을 누릴 수 있었다.

"무릇 하나님의 영으로 인도함을 받는 그들은 곧 하나님의 아들이라."(롬 8:14)

저널리스트 말콤 머거리지(Malcolm Muggeridge)는 그가 제2차 세계대전 중 스파이로 일하던 때, 유독 우울했던 어느 날 저녁을 이렇게 기록했다.

"나는 우주와 영원 속에서 희미한 빛도 없이 홀로 퀴퀴한 술과 절망에 절어 침대에 누워있었다." 그런 상태에서 합리적이고 유일한 길은 물에 빠져 죽는 것이라고 생각하고 그는 그렇게 하려고 했다. 그는 근처의 마다가스카르 해변으로 차를 몰고 간 다음 완전히 지칠 때까지 바다를 향해 오랫동안 헤엄을 치기 시작했다. 문득 뒤를 돌아보자 멀리 있는 해안의 불빛이 언뜻 보였다. 그 순간 자신도 모르게 되돌아서 그 불빛을 향하여 헤엄을 치기 시작했다. 그는 비록 몸은 지쳤지만 '기쁨이 넘쳤다'고 회상했다. 머거리지는 어떻게 이런 일이 일어났는지 알 수 없었지만, 하나님께서 그 암울한 순간에 그에게 찾아오셔서 오직 초자연적으로만 가능한 방법으로 그에게 소망을 불어넣어 주셨음을 알았다.

우리는 죄에 갇혀 "허물과 죄로 죽었던, 세상에서 소망도 없고 하나님도 없는자"(엡 2:1, 12)였다. 그러나 "긍휼이 풍성하신 하나님이 … 허물로 죽은 우리를 그리스도와 함께 살리셨다."(엡 2:4-5) 죄와 허물로 인해 죽어가던 머거리지는 빛과 생명인 그리스도의 영 안에서 살아났다. 죄악 원형에 포로 되었던 그가 우리의 산 원형인 그리스도 안에서 새로운 삶으로 나아가게 되었다.

머거리지는 자신이 바다에서 헤엄치던 경험에 대해 이렇게 말했다. "어둠이란 없으며, 영원히 비추고 있는 빛을 못 보는 경우만 있다는 것을 나는 분명히 깨닫게 되었습니다."[31] 하나님은 빛이시라. 그에게는 어둠이 전혀 없다. 우리는 그리스도의 영안에서 모든 어둠과 악의 세력에서 치유되고 자유하게 된다. 그리스도의 영

안에서 하나님의 생명의 빛, 치유의 빛이 흘러나와 죽어가는 자도 살린다.

빌 윌슨은 익명의 알코올 중독자 모임을 만들어 수많은 사람을 회복의 길로 인도하였다. 그 자신도 술에 빠져, 극심한 알코올중독으로 인하여 정신병원에 입원하기도 하였다. 스스로 엄청난 노력을 하였으나, 결국 술을 끊지 못하고, 절망의 깊은 늪 속에서 헤매다가, 병원의 침대에서 "영적 체험"을 하게 되었다. 빌 윌슨은 1934년 11월 뉴욕의 타운 병원에서 "신의 빛"을 보는 경험을 하였다.

당시의 의사는 이러한 체험을 알코올 중독자에게 흔히 있는 "환상, 환청 혹은 정신착란으로 보지 않고, 빌 윌슨에게 "아무튼, 당신의 경험은 흔히 있는 정신착란은 아닌 것 같습니다. 그것이 무엇인지는 모르나, 그것을 찾아 모든 것에 매달려 보기 바랍니다"라고 충고하였다.

그 자신이 만성적 알코올 중독자였으며, 도저히 술을 끊을 수 없는 상태에서 단 한 번의 "신의 빛"을 봄으로써, 술에 대한 어떠한 욕망도 없어져버렸다. 그는 이 경험을 통하여, 수많은 알코올 중독자의 회복을 돕기 시작했다. 봉사하면서 확연히 깨달음의 진리가 "신의 은총(신에 대한 자각)"임을 알게 되었다. 위대한 힘에 대한 자각(가치 체험, 영적 체험)이 없이는 어떠한 알코올 중독자도 회복될 수 없음을 알게 되었다. 빌 윌슨은 당시 병원에서 윌리엄 제임스가 쓴 『종교적 경험의 다양성』이란 책을 수십 번 읽고, 하나님을 체험하는 것이 알코올 중독자를 변화된 영적 삶으로 이끄는 원동력임을 알게 되었다.

또한 빌에게 보낸 칼융의 편지는 알코올 중독을 극복할 때, 신에 대한 믿음이 얼마나 중요한지를 설득력 있게 설명한다.

"세상을 지배하고 있는 악의 정령은 우리가 미처 자각하지 못하는 영적인 욕구를 지옥으로 이끕니다. 저는 이에 맞서기 위해서는 진정한 종교적 통찰력을 지니거나 인간 공동체의 방어벽에 의해 보호받아야 한다고 굳게 믿습니다. 평범한 사람이 보호받지 못하고 사회에서 고립된다면, 사악한 힘 앞에 속수무책일 것입니다. 우리는 그런 사악한 힘을 악마라고 부릅니다. 라틴어로 술을 뜻하는 'spiritus'는 최고의 영적 체험을 뜻하는 단어이기도 합니다. 우리를 극도로 타락시키는 독약과 영적 체험이 같은 단어입니다. 그러니 사악한 술에 가장 좋은 해독제는 영적인 힘이 아닐까 싶습니다."

빌에게, '사악한 술에 가장 좋은 해독제는 영적인 힘'(Spiritus contra spiritum)이라는 말이 의미 있게 다가왔다. 신의 도움을 받지 않고는 술에 내재한 사악한 힘을 결코 물리칠 수 없다는 것을 믿게 되었다. 빌은 그리스도의 영이 자신을 살렸음을 체험했다.

그는 1935년에 다음과 같이 고백했다.

"하나님을 깨닫게 된 나는 내 삶이 그분 뜻대로 되기를 비는 마음으로 겸손히 나 자신을 그분께 내어 드렸다. 전혀 딴생각을 하지 않고 나 자신을 그분의 보호와 인도에 맡겼다. 나라는 존재는 아무것도 아니며 그분이 없이는 잃어버린 존재라는 사실을 난생처음으로 인정하게 되었다. 내 죄가 에누리 없이 그대로 받아들여지면서 새로 만난 친구이신 주님께 뿌리부터 가지까지 그 죄의 해결을 모두 맡기고 싶은 마음이 들었다. 그 뒤로 나는 술을 한 방울도 입에 대지 않았다."

중독에 걸렸던 사람이 자신과 같은 이웃에게 사랑을 베풀면 그 사랑이 자신에게 돌아오고 치유를 베풀면 자신도 치유됨을 체험한다.

많은 사람이 팔자타령을 하며 괴로워한다. 그래서 사람은 죽어 관 속에서도, "~면 ~면, ~걸 ~걸"하면서 갈지도 모른다. 어떤 이들은 '내가 무엇을 하였더라면 좋았을 걸' 하며 후회한다. '내가 그 기회를 놓치지 않았더라면 성공했을 걸', '내가 좋은 부모를 만났더라면 좋았을 걸', '내가 올바른 결정을 하였더라면 잘되었을 걸', '내가 좋은 사람을 만났더라면 행복했을 걸'… 하고 괴로워하며 절망한다.

마리아의 오빠 나사로가 죽었을 때 예수님은 그 가족을 방문하셨다. 그때, 마리아는 '만일 주님이 여기 계셨더라면 내 오라버니가 죽지 않았을 것'이라고 원망했다. 그녀는 괴로워했다. 그때, 그리스도는 그녀에게 '만일 네가 믿으면 하나님의 영광을 보리라 하지 않았느냐'라고 하시며 죽은 나사로를 무덤에서 살리셨다. 예수님은 지금도 말씀하신다.

"나는 부활이요 생명이니 나를 믿는 자는 죽어도 살겠고, 무릇 살

아서 나를 믿는 자는 영원히 죽지 아니하리니 이것을 네가 믿느
냐."(요 11:25-26)

낭패와 절망을 주는 어두움의 주관자들에게 포로 된 자도 우리의
원형인 그리스도의 영 안에서는 믿음으로 자유하고 살아나게 된다.

외상과 열등감, 우울함, 어두움과 악한 영 죄악 원형에 갇혀 빛을 잃
었던 자도 빛과 생명과 사랑인 성령 그리스도 원형 안에서는 자유하게
되고, 빛의 자녀로 나타난다. 이러할 때 우리는 자주 영적 부활을 체
험한다. 이른 봄 앙상한 가지에 새 봉오리가 돋고 꽃이 피어나 열매가
열리며, 솔방울의 작은 솔씨가 땅에 떨어져 죽음으로 새 소나무가 자라
뻗어 나감을 볼 때 우리의 영혼도 부활을 느낀다.

신학자 폴 틸리히에 의하면 부활 신앙은 '새로운 존재이신 그리스도
예수는 옛 낡은 세계의 파괴적인 힘으로 결코 살해되거나 정복될 수 없
을 뿐만 아니라, 도리어 옛 죄악 세계의 현실과 실존의 파괴적 소외와 세
력을 극복하면서 역사하는 새로운 존재의 힘을 경험한 사람들, 그 새로
운 능력에 붙잡힌 사람들의 경험 사건에 기초하고 있다. 그러한 의미에
서 틸리히는 십자가 사건이나 부활 사건이나 막론하고 양자는 사건과
상징의 결합(a combination of event and symbol)이라고 말한다.' 32 상징이란 인
간 영혼 깊은 곳에서 실체를 만나게 하는 실재이다.

"예수를 죽은 자 가운데서 살리신 이의 영이 너희 안에 거하시면 그
리스도 예수를 죽은 자 가운데서 살리신 이가 너희 안에 거하시는

그의 영으로 말미암아 너희 죽을 몸도 살리시리라."(롬 8:11)

이 말씀에 근거하여 위르겐 몰트만은 다음과 같이 말한다.

"영혼은 죽는 것이 아니라 여기 이미 이 생명 안에 있는 하나님의 영이 불멸하며, 믿는 자들에게 부활의 능력으로 채운다. 생명을 주시는 성령이 경험되는 곳마다, 죽음 앞에서 영원한 생명이 경험된다. 사람들이 살아있는 생명의 창조적 근원에 가까이 다가서는 곳마다 사망은 사라지고 그들은 사멸 없는 영속성을 경험한다. … 죽음은 … 육체로부터 영혼의 분리가 아니며 육체와 영혼을 새로이 변형된 하나님의 세계질서로 채우시는 생명의 영적 변형이다."

4. 한과 사망을 이긴 부활의 산 원형

그러나 이제 그리스도께서 죽은 자 가운데서 다시 살아나사 잠자는 자들의 첫 열매가 되셨도다. 사망이 한 사람으로 말미암았으니 죽은 자의 부활도 한 사람으로 말미암는도다 아담 안에서 모든 사람이 죽은 것 같이 그리스도 안에서 모든 사람이 삶을 얻으리라.(고전 15:20-22)

필자가 섬기는 교회에 라저(Roger)라는 잘생긴 백인 형제의 이야기이다. 그는 젊어서 마약에 취해 살았는데, 길을 걷다가 달리는 차에서 자신에게 던지는 맥주 캔을 보고 그리스도를 깊이 만나는 체험을 하였다. 그

후로는 마약이나 술을 끊게 되었다. 그는 카운티 병원에서 일하는 데, 며칠 전 데이지(Daisy)라는 젊은 여성이 정신병동에 입원하는 것을 보고 마음이 아팠다고 했다. 그는 그녀를 위해 지은 "불안정의 독방"이란 시를 내게 보내주었다. 아래와 같이 번역해 보았다.

마음 속 불안정의 독방에 갇혀
앞을 생각할 수 없네

과거에 매여 내가 처한 삶보다
더 좋은 삶이 있다는 것을 믿을 수 없네
공포 속에 서서 움직일 수 없네

길을 벗어나 희망이 없어 보이고
심한 고통의 눈물이 내 영혼을 채우네
삶은 여정이라지만 난 어디로 가야 하나

우울증 발작 그것이 깊이 흐르는 것을 나는 아네
오 주님, 저를 이곳에서 빼내 주시고
제발 제 영혼을 구하여 주소서.

필자 어머니의 어릴 적 단짝 친구였던 보희 씨는 꽃다운 나이에 한국전쟁 시 인민군에 끌려가서 돌아오지 못했다. 필자의 가까운 친척은 아들이 하나밖에 없어 너무 귀하다 하여 "개똥"이라 이름을 지어 불렀다. 그런데 그가 결혼하자마자 한국 전쟁이 터졌고, 그는 전쟁터에 나가 전사하고 다시 돌아오지 못했다. 그의 이름은 고향 군부대 전사자의 명단에 올라가 있는데, 한 맺힌 애가만 울리는 듯하다. 자식도 없던 고인의 신부는 홀로 시 부모를 모시고 평생 과부로 살았다.

이러한 경우에서도 볼 수 있듯이, 자신이 죄를 짓지는 않았지만, 다른 사람의 죄 때문에 가정이 깨지고 희생될 때 한이 될 수 있다.

'한'이란 미움, 원한, 슬픔, 좌절, 애통, 비탄함, 아픔, 무력함이고, 타인의 죄를 짊어진 희생양의 울부짖음이다. '한'이란 인간의 연약함과 무지, 상실과 죄악, 희생 당함, 비참함과 고통, 분노, 원한, 꺾여진 뼈, 깨어진 꿈들을 포함하는 것이다. 김열규는 심청전, 흥부전, 춘향전, 홍길전에서부터 현대 문학작품에 이르기까지 대표적 문학작품에서 뽑아낸 한의 특성을 다음과 같이 열거한다.

> "외로움 같은 한, 서러움 같은 한, 허전함 같은 한, 괴로움 같고 슬픔 같은 한, 서정인가 하면 비참이기도한 한, 아쉬움이면서도 처절한 아픔인 한, 뉘우침이 엉겼는가 하면, 원망이 서린 한."

그는 한과 신명을 서로 양극을 이루고 있는 심리 상태로 설정하고, 그 사이를 정이 매개 하는데, 정이 파탄될 때, 원한이 생기고 정이 회복될 때 신명이 난다고 하였다. 한풀이가 되면 신명이 난다.

한은 "몹시 원망스럽고 억울하거나 안타깝고 슬퍼 응어리진 마음"

이라고 사전에 나와 있다. 한이란 '우리 마음 속에 풀지 못한 부정적인 감정의 응어리'이다. 한은 부당한 억압과 고난에 의해 초래된 심리적, 영적, 관계적 상처이다. 죄인은 구원받을 대상이지만, 외부의 잘못 때문에 희생이 된 자는 모든 상처에서 자유함을 얻어야 한다. 아벨같이 가인에 의해 아무런 잘못도 없이 죽은 자는 그리스도로 말미암아 죽음에서 부활할 때 참된 위로를 얻는다.

사도 바울이 그리스도를 "근본이시요. 죽은 자들 가운데서 먼저 나신 이"(골 1:18)라고 칭하였듯 그리스도는 장래 우리가 부활할 원천적 원형이 되신다.

그리스도는 부활과 생명으로서, 우리를 살리는 영이요, 우리에게 부활 생명을 주어 죽을 인간을 영원히 살게 하는 산 원형이다. 그는 우리를 부활하게 하는 부활의 원천적 원형이다. 그는 죽은 자들 가운데서 다시 살아 잠자는 자들의 첫 열매로서 우리 부활의 원천적 원형이 되셨다. 주님의 부활의 몸은 우리 몸이 구속될 때 나타나게 될 모습의 산 원형이다.

> "그는 만물을 자기에게 복종하게 하실 수 있는 자의 역사로 우리의
> 낮은 몸을 자기 영광의 몸의 형체와 같이 변하게 하시리라."(빌 3:21)

부활의 첫 열매인 그리스도 때문에, 그를 믿는 자들은 이 땅을 살 때에도 그의 부활의 삶을 나누어 가지게 된다.

19세기 최고의 시인 롱펠로우는 인생의 쓰라린 경험자였다. 아내가

젊어서 오랫동안 앓다가 죽었고 재혼한 아내마저 몇 년 안 되어 부엌에서 화상을 입고 앓다가 또 세상을 떠났다. 롱펠로우가 75세가 되어 그의 임종이 가까웠을 때 한 기자가 물었다. "선생님은 두 부인의 사별뿐 아니라 많은 고통을 겪으며 살아오신 것으로 아는데. 그런 환경에서 어떻게 그토록 아름다운 시들을 쓸 수가 있었습니까."

이에 롱펠로우는 마당에 보이는 사과나무를 가리키며 "저 나무가 나의 스승이었습니다. 저 사과나무는 몹시 늙었습니다. 그러나 해마다 꽃이 피고 열매가 열립니다. 옛 가지에서 새 가지가 조금씩 나오기 때문입니다. 나도 생명의 주 예수 그리스도에게서 새 생명을 계속 공급받아 인생의 새로운 꽃을 피우고 열매를 맺으며 살아왔습니다"라고 말했다. 필자는 현재 눈 덮인 알프스 산 위에서 글을 쓰고 있는데, 봄이 가까이 오니 이 고지에서도 앙상한 가지에 파랗게 새순이 돋아나고 꽃망울이 열린다.

죽은 자와 다름없는 영혼들에게 그리스도는 생기를 불어넣으시고, 살려주신다. 그가 사니 우리도 산다. 그는 사망을 폐하시고 생명과 썩지 아니할 것을 드러내셨다. "그가 이같이 큰 사망에서 우리를 건지셨고 또 건지실 것이며 이후에도 건지시기를 그에게 바라노라."(고후 1:10)

예수 그리스도만이 사람을 모든 한과 악에서 구하여 주실 수 있다.

최상진의 『한국인 심리학』에 의하면, 영화 「서편제」의 주제는 기구함이다. 주인공인 유봉과 송화의 팔자가 험난하다. 유봉은 떠돌이 소리꾼이다. 그는 의붓딸 송화에게 자신의 소리를 전수시키기 위해, 송화를 장님으로 만들었다. 소리를 만들기 위해 송화의 눈을 멀게 하였다. 눈을 멀게 하여 한을 심어주었다. 그 한이 새로운 소리를 만들어낸다. 유봉은 송화의 소리를 들으며, "그게 소리냐, 넋두리 흥타령이제"라고 송화의 소리를 책한다. 여기서 판소리는 넋두리도 흥타령도 아니며 이를 극복해야 함을 뜻한다. 유봉은 소리를 득하려면 한을 극복해야 한다고 여러 번 강조했다. 여기서 한을 극복함은 증오를 극복하고 자기 비하나 자기 모멸감을 이겨낸 상태의 초연성과 힘을 가져야 함을 시사한다.

유봉이 송화에게 "니가 나를 원수로 알았다면, 니 소리에 원한이 사무쳤을텐디, 니 소리 어디에도 그런 흔적이 없더구나,"

"이제부터는 니 속에 응어린 한에 파묻히지 말고 그 한을 넘어서는 소리를 해라. 동편제는 무겁고 맺음새가 분명하다면, 서편제는 애절하고 정한이 많다고들 하지, 허지만 한을 넘어서게 되면 동편제도 서편제도 없고 득음의 경지만 있을 뿐이다"라고 말한다.

이 말은 한의 차원을 넘어서 영광의 차원으로 올라갈 것을 말한 것이다. 한에 묻힌 지옥 차원에서 그리스도의 영이 다스리는 천국 차원으로 들어갈 때 기쁨이 샘솟는다.

서편제에서 동호는 송화의 남동생이었으나, 의붓 아버지인 유봉의 곁을 떠났다. 소리꾼이 천시받는 것을 유봉의 생활을 통해 확인했기 때문이다. 그 후 동호는 한약재 수집상의 점원으로 일하면서, 자신의 누나인 송화를 찾아 남도를 헤맨다. 마침내 송화를 만나고 송화와 더불어 밤새 소리를 하면서 지새운다. 그러나 서로가 남매임을 밝히지 않은 채, 북과 소리를 통해 한의 감정과 남매지간의 정을 나누고, 말없이 송화를 떠난다. 그들은 말없이 헤어졌다.

주막집 천 씨가 송화에게 묻는다.

"그렇게도 기다리는 사람끼리 왜 모른 척하고 헤어졌단 말인가?" 그러자 송화는 "한을 다치고 싶지 않아서였지요."라고 말한다. "한을 풀지도 못하고 허망하게 헤어졌단 말이여?'

그러자 송화가 대답한다. "우리는 간밤에 한을 풀어내었어요. 제 소리와 동생의 북으로요."

송화의 소리와 동생의 북은 그들 영혼에 사무친 감정을 표현하고 전달하는 매개체로 사용되었다. 그 소리와 북은 그들의 영혼을 깊이 어루만져, 한을 풀어준, 인간의 말로 표현될 수 없는 깊고 높은 언어였다. 그 소리와 북은 그리스도의 치유하는 광선의 그림자에 속할 수도 있겠다. 그런데 우리의 완전한 치유는 우리 부활의 산 원형인 그리스도에게서 온다.

부활이요 생명인 그리스도의 영은 모든 한과 죄악의 상처를 감싸서 무효화하고 치유하고 변화시켜 주신다. '주께서 상심한 자를 고치시며 저희 상처를 싸매시는도다.'(시147:3)

그리스도는 몸소 억압하는 한을 체험하셨다. "그는 멸시를 받아서 사람에게 싫어 버린바 되었으며, 간고를 많이 겪었으며, 질고를 아는 자라. 마치 사람들에게 얼굴을 가리우고 보지 않음을 받는 자 같아서 멸시를 당하였고."(사 53:3) 그리스도 보다 더 슬프고 질고를 겪은 사람은 없다.

우리 대신 십자가에서 죽으시고 부활하신 그리스도 안에서 우리는 승리와 자유를 누리게 되었다.

"자녀들은 혈과 육에 속하였으매 그도 또한 같은 모양으로 혈과 육을 함께 지니심은 죽음을 통하여 죽음의 세력을 잡은 자 곧 마귀를 멸하시며 또 죽기를 무서워하므로 한평생 매여 종 노릇 하는 모든 자들을 놓아주려 하심이니."(히 2:14-15)

그리스도 안에서 우리는 죽음에서 해방되고 그의 생명 받아 영원히 살게 되었다.

그리스도는 우리의 한과 병을 다 낫게 하셨다.

"그가 찔림은 우리의 허물을 인함이요 그가 상함은 우리의 죄악을 인함이라 그가 징계를 받음으로 우리가 평화를 누리고 그가 채찍에 맞음으로 우리가 나음을 입었도다."(사 53:5)

우리의 원형인 그리스도께서 별이라면, 한 맺힌 죄 원형은 그 별을 가리키는 손가락이라 할 수 있다. 죄악 원형에 포로 된 영혼은 우리의 원형인 그리스도께 연결되어 변화되기를 바라며, 그리스도로 채워지기를 갈망하고 있다.

인간의 한은 동전과 같이 양면을 가지고 있다. 한쪽은 억압된 부정적인 면이고, 다른 쪽은 압박하는 긍정적인 면이다. 억압된 부정적인 한은 비탄함, 무력감, 열등감, 무 또는 무가치, 자기 혐오, 자아 분열, 괴로움, 치욕적인 수치, 성숙하지 못한 죄책감 등이다.

압박하는 긍정적인 면의 한은 타락한 인간으로서의 성숙한 죄책감,

인간의 유한성, 흙에서 취해진 인간성, 불충분성, 자신의 나약함, 정의를 바라는 울부짖음, 무죄한 자로 타인의 희생이 된 것을 포함한다. 여기에는 태어나면서부터 느낀 자신의 약함을 인식하고 성숙을 열망하는 열등감이 있는가 하면 온전함을 바라는 죄책감이 있다.

오덴에 따르면 성숙한 죄책감은 '나는 나'라는 자기 됨의 심상과 일치하지 않는 어떤 것을 하는 결과로서, 이것은 나로 하여금 진정한 내가 되도록 요청한다.

한과 죄의 원형에서 억압하는 부정적인 측면이 십자가 죽음이라면, 압박하는 긍정적인 측면은 부활의 소망이다. 우리의 원형인 그리스도 안에서는 생명과 부활의 기쁨이 있다.

악한 영이 통치하는 죄악의 원형 안에서는 여러 가지 수많은 속임수가 있어서 사람들을 열등감과 수치심으로 마비시키기도 한다. 그리하여 이들은 자신의 열등감과 수치심 하나만을 해결하기 위한 속은 인생을 살아가기도 한다. 너무나 안타깝고 어이없는 일이다.

열등감을 가진 사람은 자신에 대한 왜곡된 지각 때문에 자신이 진정 누구인지 명확히 알지 못한다. 그런데 자신의 몸에 열등 콤플렉스를 가진 사람도 "내 형상이 생기기 전부터 하나님의 눈은 보고 계셨으며 그 됨됨이를 모두 당신 책에 기록하여 나의 모든 날은 그 단 하루가 시작하기도 전에 하루하루가 기록되고 정해졌습니다"라고 마음으로 시인하고 고백할 때 자유롭게 된다.

자기 안에 그리스도가 사는 온전한 자아를 찾은 자는 머리부터 발끝까지 할렐루야 찬양이 된다. "나의 나"된 것은 하나님의 은혜라.

"무릇 시온에서 슬퍼하는 자에게 화관을 주어 그 재를 대신하며 기쁨의 기름으로 그 슬픔을 대신하며 찬송의 옷으로 그 근심을 대신하시고 그들이 의의 나무 곧 여호와께서 심으신 그 영광을 나타낼 자라 일컬음을 받게 하려 하심이라."(사 61:3)

죄와 한 원형 대 우리의 산 원형 그리스도

죄와 한 원형		우리의 산 원형 그리스도
부정적인 측면	긍정적인 면	
죽음으로 이끄는 영	생명 찾는 영	생명 주시는 영
어두운 밤	별을 향한 손가락	빛나는 새벽별
고통과 슬픔	애통과 울부짖음	자유와 기쁨
미성숙한 죄책감	성숙한 죄책감	의롭고 온전케 됨
굴욕의 수치	분별의 수치	참 자아의 기쁨
분노에 기초한 원한	현실에 기초한 원한	용서와 화해
고통과 환난	인내와 연단	평강과 소망을 이룸
가인의 살인	아벨의 피의 호소	그리스도의 보혈
십자가 죽음	부활의 소망	부활의 기쁨
육에 속한 사람	자연인	영에 속한 사람
사탄의 형상	흙의 형상	하나님의 형상
불신의 영	분별의 영	믿음의 영(고후4:13)
거짓자기	진짜를 열망	그리스도 형상인 참 자아
중독	회복열망	그리스도안에서 완전
사탄적 불안	실존적 불안	주님 주신 평안

자기혐오	자기수용	'주의 형상인 나'를 기뻐함
육체의 약함	채워질 그릇	하나님의 능력으로 온전케 됨
우매함	인간의 지혜	하나님의 지혜
세상 윤리에 빠짐	하늘 윤리를 열망	부활 윤리로 삶

사도 바울은 우리가 어떻게 살아야 할지 다음과 같이 기록한다.

"형제들아 내가 이 말을 하노니 그 때가 단축하여진 고로 이 후부터 아내 있는 자들은 없는 자 같이 하며 우는 자들은 울지 않는 자 같이 하며 기쁜 자들은 기쁘지 않은 자 같이 하며 매매하는 자들은 없는 자 같이 하며 세상 물건을 쓰는 자들은 다 쓰지 못하는 자 같이 하라 이 세상의 외형은 지나감이니라."(고전 7:29-31)

보이는 것은 잠깐이지만, 보이지 않은 것은 영원하다. 오직 그리스도만이 우리의 전부다.

『빛으로의 여행』(*Journey into Light*)을 지은 프랑스의 에밀 카이레(Emile Cailliet)는 하나님을 모르는 자연인으로 자랐다. 신앙을 터부시했다. 그러던 중 세계일차대전이 발발하자 20세에 전쟁에 나갔다. 전선에서 자기 옆에 서서 어머니 이야기를 하던 전우가 가슴에 총탄을 맞고 죽어가는 것을 보았다. 그러면서 방공호에서 생명은 어디서 왔는가, 삶의 의미는 무엇인가, 현실에 직면하여 그는 과학적 법칙도 아무 가치가 없음을 깨닫는다. 그러면서 자기 전존재가 적나라하고도 비참하게 멸망하게 됨을 느꼈다. 모든 것이 공허하고 헛되어 보였다.

그는 스스로 정체성 문제로 고뇌했다. "나는 누구인가? 아니, 나는 무엇인가(Who was I, anyway? Nay what was I?)" 인간 존재에 대한 이러한 기본적인 중요한 질문들에 그는 아무런 답을 얻지 못하고 있었다.

그러던 어느 날 밤, 적군의 총탄에 그도 맞았다. 팔을 심하게 다쳤다. 다행히 구조대에 의해 생명을 건진 그는 9개월간 병원에 입원한 후 퇴원하여 학교로 돌아갔다.

그는 전선의 방공호에서 이상하게도 자기 자신을 이해할 수 있는 책을 원했었다. 그러나 그런 책을 찾지 못했다. 그래서 그는 자신이 그런 책을 만들려고 했었다. 어느 날 나무 밑에 앉아 자신이 쓴 책을 읽는 데 오히려 실망만 더해졌다. 그는 자기의 불행한 인생을 비관하며 삶의 의욕마저 상실했다.

그러한 순간에 그의 아내가 그가 있는 정원 문 안으로 유모차를 끌고 왔다. 그리고 그에게 말했다.

'제가 우리 아기의 유모차를 끌고 시내 거리를 가고 있었어요. 그런데 그 길은 자갈이 많아서 유모차를 끌 수 없어 방향을 바꾸어 길옆 샛길로 갔어요. 그 긴 좁은 길을 따라갔더니 넓은 광장에 한 우뚝 선 큰 교회가 나타났어요. 푸른 잔디와 꽃 사이에 대리석으로 된 하얀 교회 계단을 따라 올라갔어요. 복도에 들어서니, 조용한 서재에 계시던 존경스러운 목사님이 저를 맞아 줬어요. 그가 제가 말한 프랑스어 성경을 주었어요'

그러자 에밀 카이레는 "성경이라고 말했지? 어디 있어? 내게 보여줘. 전에는 한 번도 본 적이 없던 것이야." 에밀이 아내에게서 그 책을 잡아

채듯 받아 들고 밤새도록 쉬지 않고 단숨에 다 읽어 내려갔다. 그리고는 벌떡 일어나며, "이 책이 나를 이해해"라고 큰 소리로 기쁘게 외쳤다.

하나님의 말씀이 잃었던 그를 찾게 했다. 살아 계신 하나님의 임재와 그의 거대한 능력이 깃든 성경이 그를 찾았다. 그는 밤새도록 복음서를 읽었고, 성경에서 말씀하시는 그리스도께서 그에게 살아있는 분이 되셨다. 그 밤에 그는 이 하나님께 기도했다. 그리고 성경에서 말씀하신 하나님이 그에게 응답해 주셨다.

과거에는 아내를 교회 가지 못하게 했으나, 이제는 성경을 준 교회에 아내가 예배에 참석하게 했다. 아내가 교회에 갔다 오더니, 다음 이야기를 해주었다.

'목사님의 얼굴은 마치 세상의 고난이나 전쟁 같은 일은 전혀 모르거나 완전히 그런 환난에서는 보호를 받으신 듯, 아주 밝고 평화로웠어요. 그런데 제가 안 것은 그분이 이번 전쟁에서 그의 아들을 잃었다고 해요. 또 아들 전사 소식을 들은 그의 아내도 심장마비로 죽었다고 해요. 아들을 그의 어머니 옆에 나란히 묻을 장례 계획을 세웠을 때였어요. 자식과 부인을 잃은 그 목사님이 얼마나 힘들까? 그래서 여러 목사가 장례 예배를 드려주겠다고 요청했어요. 그런데 그 장례예배를 드리는 날이 왔을 때, 놀랍게도, 그 백발의 목사님이 직접 무덤 구덩이에 얼굴을 대고, 그의 아들과 그의 아내를 묻는 장례예배를 드렸대요. 그때를 그는 부활과 영원한 생명에 대한 그의 신앙을 선포하는 기회로 만들었다고 해요.'

에밀은 다음 주일 예배에 참석하여 그 하나님의 사람을 만나게 된다. 그 예배에서 목사의 설교 본문은, 이사야 42장 3절 "상한 갈대를 꺾지

아니하며 꺼져가는 등불을 끄지 아니하고"였다. 그 한 말씀 한 말씀
이 에밀의 영과 혼에 떨어져 박혔다. 그 진리의 말씀 구절이 어찌나 그
자신의 경우에 맞는지, 평생에 잊히지 않았다.

에밀은 그 목사와 교제하며 말씀이 육신이 되신 그리스도를 만났다.
에밀은 그후 21세기의 위대한 철학자가 되었다.[33]

5. 신인일체인 원형

> 그는 근본 하나님의 본체시나 하나님과 동등됨을 취할 것으로 여기지 아
> 니하시고 오히려 자기를 비워 종의 형체를 가지사 사람들과 같이 되셨
> 고.(빌 2:6-7)

예수 그리스도는 한 분이시지만, 그 안에는 신성과 인성, 두 본성이
혼합하거나 분리됨이 없이 하나로 결합되어 있다. 다음은 A.D. 451년에
정리된 칼케돈 신조이다.

"한 분이시요, 동일하신 그리스도, 아들, 주, 독생자는 두 성품으로
인식되되 혼합됨이 없으시며 변화됨이 없으시며 (inconfuse, immutabi-
liter) 분리됨이 없으시며, 분할됨이 없으시며(indivise, inseperabiliter) −이
연합으로 인하여 양 성품의 차이가 결코 제거되지 아니하며, 오히
려 각 성품의 특성이 그대로 보존되어 있어 한 품격 한 개체에 있어
서 결합되어 있다. − 그리하여 두 품격으로 분할되거나 분리되거나
하지 않으며 한 분이시오, 동일하신 아들, 독생하신 하나님, 말씀,

주 예수 그리스도시니라."

우리의 원형인 예수 그리스도는 신성과 인성이 연합하여 이 둘이 분리나 혼합됨이 없이 하나 된 실체이다.

칼케돈 신조에서 나온 칼케돈 유형은 신성과 인성이 하나로 된 그리스도를 다음과 같이 정의한다.

"한 분이시고 같은 분께서 그리스도, 외아들, 주님이시며, 두 본성 안에서 혼합되지 않으시고 변화되지 않으시며, 분리되지 않으시고 나뉘지 않으시는 분으로 인식되며, 이 외에는 결합으로 인해 본성들의 구별이 없어지지 않으시고, 오히려 두 본성의 각 속성이 보존되며"라고 했다.

우리의 원형인 그리스도는 신성과 인성이 하나로 연합되어 서로 혼합됨도 없고 분리됨도 없다. 그의 형상대로 지어진 인간도 하나님과 연합하여 혼합됨도 없고 분리됨도 없다.

그리스도 안에서는 신성과 인성이 속성을 잃지 않고, 하나로 연합되어 있듯이, 그리스도 형상 안에 창조된 우리도 하나님과 하나로 연합된 관계 안에 존재한다.

그러므로 게를락 페터슨은 다음과 같이 말했다.

"당신은 내 안에 계십니다. 그리고 나는 당신 안에 있습니다. 당신과 나는 하나가 되었습니다. 우리는 결코 나누어질 수 없으며 깨어질 수도 없습니다."[34]

여호와는 나를 떠나시지 않고 항상 함께 하시니 내가 그를 기뻐한다.
"내가 사망의 음침한 골짜기로 다닐지라도 해를 두려워하지 않을 것은
주께서 나와 함께 하심이라."

우리는 주님과 하나로 연합할수록 '나는 더욱 진정한 나'가 되고 주
님은 더욱 나의 사랑하는 하나님이 된다. 그리스도의 형상을 이루어 가
는 우리는 하나님과 우리가 그 본질에 있어서 혼합되거나 분리됨이 없
이 영원히 하나로 연합되어 있다! 그 하나됨의 증거로서 하나님이 밤에
도 시편 기자들에게 교훈하셨듯, 임마누엘 하나님은 필자에게도 성령
안에서 말씀을 통해 그의 뜻을 깨닫게 하신다. 이러할 때 '아, 나의 하나
님이 나를 버리지 않고 인도하시는 구나'라고 깨닫게 된다.

> 리처드 로어(Richard Rohr)에 의하면, "우리는 그리스도를 성서가 분
> 명하게 가르치는 것처럼(에베소서 1:3-14; 골로새서 1:15-20) 모든 피조물을
> 위한 원형이며 모델로 이해하도록 배우지 못했다." 이는 인간 치유
> 변화를 위한 핵심 메시지의 상당 부분을 잃어버린 원인이 되었다.
> 따라서 로어는 예수 그리스도의 인성과 신성의 하나됨이 "그분 안
> 에서처럼 우리들 안에서도, 그리고 전체 우주 안에서도" 발현되어
> 야 함을 강조했다.[35] 곧 "그분 안에 인간성과 신성을 함께 놓은 다
> 음에는 바로 우리 자신 속에서도 그와 똑같은 것을 감히 발견해야
> 만 했던 것이다."[36]

우리는 본래 하나님으로부터 나서 그리스도 예수 안에 있다.(고전 1:30)

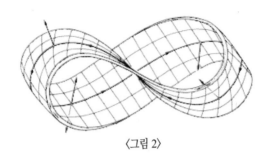

〈그림 2〉

음표에서 자신의 소리와 장단 고저를 찾듯이, 우리는 하나님과의 상호 관계 안에서 자신을 발견한다. 두 면이지만 실제는 한 면인 무한대 팔자 모양의 뫼비우스 밴드(Möbius strip 〈그림 2〉)와 같이 우리는, 나무에 가지가 붙어 연합된 것처럼, 우리 생명인 그리스도와 하나이다.

두 면이지만 한 면을 따라가면 다른 면을 만나서, 두 면이 실제는 한 면으로 되는 모비어스 밴드같이, 우리 자신과 하나님은 두 실체이지만 결국은 그리스도 안에서 하나님과 하나이다. 이 모비어스 밴드 아래에는 우리가 있고, 밴드 맨 꼭대기에는 우리 하나님이 계셔서 상호 하나로 교제한다. 내가 사는 것 같은데 내가 아닌 그리스도가 내 안에 산다. 이게 "진짜 나"이다.

그러므로, 예수 그리스도는 십자가를 지시기 전 우리로 하나님 아버지와 하나가 되게 해달라고 간구하셨다.

"나는 세상에 더 있지 아니하오나 저희는 세상에 있사옵고 나는 아버지께로 가옵나니 거룩하신 아버지여 내게 주신 아버지의 이름으로 저희를 보전하사 우리와 같이 저희도 하나가 되게 하옵소서. 아버지께서 내 안에, 내가 아버지 안에 있는 것같이 저희도 다 하나가 되어 우리 안에 있게 하사 세상으로 아버지께서 나를 보내신 것을 믿게 하옵소서."(요 17:11,21)

우리가 그리스도와 하나가 되어 하나님 안에 있으면 하나님의 아들로 세상에 나타난다.

A.W. 토저에 의하면 "그리스도와 하나 됨"의 뜻은 그리스도와 동일시되고, 십자가에서 그와 함께 죽었을 뿐 아니라 그와 함께 부활한 것에도 동일시됨을 말한다.

"그러므로 너희가 그리스도와 함께 다시 살리심을 받았으면 위의 것을 찾으라 거기는 그리스도께서 하나님 우편에 앉아 계시느니라. 위의 것을 생각하고 땅의 것을 생각하지 말라. 이는 너희가 죽었고 너희 생명이 그리스도와 함께 하나님 안에 감추어졌음이라."(골 3:1-3)

오래된 예수의 초상화는 인간의 눈과 신의 눈이 함께 있다. 예수를 상징하는 초상화의 한쪽 눈은 사람의 눈, 다른 쪽 진한 눈은 신의 눈을 상징한다. 그리스도 형상을 이루어 가는 우리도 인간의 눈과 함께 하나님의 눈으로 모든 것을 보아야 한다.

우리의 상실과 트라우마도 항상 함께하

시는 주님의 도우심으로 치유변화 될 수 있다.

필자가 아는 한 선교사님은 태어날 때 어머니가 낙태시키려 했다. 그러나 죽지 않고 태어나게 되었다. 그녀는 그러한 출생 사실로 인해, 자신이 겪은 과거의 상처와 거절의 경험들로 인해 신음할 때, 예수님을 인격적으로 만났다. 그녀는 말한다.

"기도 중 예수님은 그분이 십자가에서 이미 그러한 상처와 거절감들을 경험하였음을 보여주셨다. 또 이해할 수 없었던 과거의 한 상처의 장면을 보여주셨는데, 그때 하나님께서 나를 내어버리지 아니하시고 안고 계시며 보호해주시는 장면을 환상처럼 보여주셨다. 마치 그분의 따뜻한 사랑으로 인해 얼음과도 같이 차갑고 무감각한 채로, 돌덩이가 되어버린 강퍅한 내 상처가 따뜻한 햇볕에 눈이 녹듯, 얼음이 녹듯, 그분의 사랑으로 순식간에 녹아버린 것을 경험했다."

아프리카 선교지에서 많은 영혼을 사랑하며 섬기는 이 선교사는 그리스도께서 어떻게 자신을 살려주셨는지 다음과 같이 고백한다.

40년을 넘게 시달려오던 죽고 싶은 충동에서 해방된 이야기를 적어본다. 너무도 생생한 그 기억. 그날 하나님은 나의 삶을 완전히 바꿔주셨다. 이유도 없이 죽고 싶다는 생각을 했는데 아무리 기도해도 하나님은 없애주시지 않았다. 그렇게 내 삶을 송두리째 슬픔 속에 놓아버렸고 서울로 이사를 와서 집 앞에 있는 교회의 치유집회에 참석했을 때, 나는 그동안 그렇게도 나를 고통스럽게 했던 죽고 싶은 이유를 알게 되었다. 예배가 시작되고 아주 큰 화면이 펼쳐졌고 거기에 한 아기가 엄마 뱃속에서 기도하고 있었다. "하나님 나 빨리 세상에 나가게 해주세요, 나 빨리 태어나고 싶어요"라며. 그 아기의 얼굴이 얼마나 행복한지. 그때 밖에서 말소리가 들렸다. '없애라. 우째 키울건데. 마 없애라.' 그 말을 들은 아기가 기도했다. '하나님, 저 죽고 싶어요, 죽게 해주세요.' 그때 저쪽에서부터 환한 빛이 아기에게 다가왔는데 그 빛 속에서 예수님이 말씀하셨다 ."사랑하는 딸아. 너희 엄마 아빠가 너를 세상에 보내는 것이 아니란다. 바로 나 예수가 너를 세상에 보내는거야." 그 말씀을 들은 아기가 다시 기도했다. "하나님 저 빨리 세상에 나가고 싶어요. 저 빨리 태어나게 해주세요." 그때 그 아기의 얼굴이 지금도 선하다 얼마나 행복해하고 화사한지. 그날 그 시간 이후로 나는 한 번도 죽고 싶다는 생각을 한 적이 없다. 물론 삶은 하나도 달라지지 않았고 여전히 고단했다.

어제나 오늘이나 영원히 동일하신 하나님께서는 성령 안에서 우리의 과거와 현재의 상처를 모두 싸매어 주시며, 우리를 그와 같은 형상으로 치유 변화시켜 주신다.

필자의 친구 수길이가 있다. 그는 가문의 대를 이어 줄 아기를 기다리고 있었다. 직장에서 퇴근하여 집에 돌아오니, 아내가 "오늘 낮"에 낙태를 하고 왔다고 알렸다. 그는 그 전날 밤에 꾸었던 꿈이 갑자기 떠올랐다. 꿈에 아이가 배 속에서 칼로 난도질당하였다. 팔다리가 다 칼에 잘려 나갔다. 얼굴이 멍들고 아이의 온몸이 처참하게 찢어져 죽어갔다. 어쩌면 그 아이는 자신의 인생 전부라고도 할 수 있을 것이었다. 그는 자기 인생과 자신의 가계 전부라고 기대했던 아이를 낙태로 잃게 되었다. 그는 자신의 인생이 통째로 망가지고 부서지고, 찢어져 쓰레기로 사라지는 듯한 비참한 느낌이 들었다.

오랜 시간이 지났지만, 이 사건은 그에게 깊은 트라우마로 남았다.

괴로움에 몸부림치던 수길이는 주님께 물었다.

"내 아이가 비참하게 온몸이 칼로 잘리며 죽어갈 때, 주님은 어디 계셨나요?" 성령님은 그 상황에서 예수님도 아기와 함께 하셨음을 수길이로 보게 하신다.

예수님이 그 아이 대신 상하시고 함께 고통을 받으셨다. 그리고 '두려워말라 내가 너와 함께 함이라'고 말씀하신다. 참혹한 현장에서 함께 고통하시는 그리스도께서, 그 아이의 영혼을 지켜주셨고 받아 주셨다. 그 아이는 아빠에게 올 수 없어도 아빠는 저에게로 가는 소망 중에 산다. 믿음과 소망 중에 수길이는 기도한다. "상한 갈대도 꺾지 아니하시고 꺼져가는 심지도 끄지 아니하시는 부활이요 생명이신 하나님, 주님은 무에서 유도 창조하시오니, 그 아이의 영혼을 지켜주시고 영원히 살게 해주세요."

성령께서 수길이의 마음을 감동시켜 그아이를 보게한다. 수길이가 말한다. "그 아이는 주님 품안에서 기뻐 뛰며 놀아요."

그리스도의 영은 한과 사망의 사슬에서 수길의 영도 자유롭게 하며, 주의 형상으로 치유 변화시키고 있다. 상실과 트라우마로 인해 죽어가던 수길이는 그리스도의 영에 의해 살아났다. 그리스도를 살리신 하나님 아버지의 영이, 그의 영으로 수길이도 살려주셨다. 주님은 수길이의 베옷을 벗기고 기쁨으로 띠 띠워 주셨다.

'신성과 인성이 예수 그리스도라는 한 분 안에 역설적으로 결합되어 있듯이 수길이의 영도 하나님의 영과 그리스도 안에서 결합되어 있었다.' 제임스 로더가 말했듯 "예수 그리스도는 하나님의 영과 인간의 영, 그 두 영을 혼합하거나 혼동하지 않고, 인성보다 신성을 위에 두지만, 다른 하나를 위해 하나를 제거하지 않으면서 관계적 통일을 중재하신다."(제임스 로더, 『인간 발달』, 82) 가지가 나무에서 나오듯 하나님과 하나로 연합된 수길이는 하나님의 빛나는 자녀로 드러난다. "내가 사나 내가 아닌 그리스도"가 사는 진정한 자아로 드러난다.

신성과 인성이 예수 그리스도라는 한 분 안에 결합하여 있듯이 우리의 영도 하나님의 영과 예수 그리스도를 통해 영원히 결합하여 있다. 하나님의 영과 하나 되는 우리의 영은 부활이요 생명인 그리스도의 임재를 인식하고 체험한다. 그리스도가 사는 진정한 자아를 볼 때, 하나님을 볼 수 있다.

6. 그리스도의 상징은 진짜 나

상징이란 용어는 아이디어 또는 영적 현실을 상기시키는 구체적인 이미지나 모양, 표시, 토큰, 기호, 싸인, 그림, 향기, 언어, 대상을 포함한다. 이 상징은 언어가 표현할 수 없는 것도 전할 수 있는 실체를 드러내는 실재이다.

초대교회 그리스도인들은 상징을 통해 그들 자신의 신앙을 나타내는 것을 아주 사랑하였다. 하나의 심볼로 많은 것을 말할 수 있었고, 이 이미지들은 글자를 모르는 이들까지도 쉽게 이해가 가능했기 때문이다. 당시 로마 황제 네로 같은 이들의 박해를 받아 감옥에 가고 사형을 받기도 했던 그리스도인들은 자신들의 신앙을 공개적으로 말할 수 없었다. 그래서 그들은 교회 입구 대리석이나 지하묘지 벽 또는 무덤을 봉하는 돌에다 그들의 신앙을 쉽게 생각나게 하는 볼 수 있는 그리스도의 상징을 새겨놓았다. 예를 들어 물고기는 그리스어로 익투스라고 하는데, 이는 "예수 그리스도, 하나님의 아들, 구세주"의 첫글자를 따서 붙이면 물고기라는 말이 된다. 물고기는 그리스도의 상징이자 기독교 신앙의 개요를 뜻한다.

비둘기는 신성한 평화에 도달한 영혼을 상징한다. 그리스도는 알파와 오메가라고 말함은 그리스도가 모든 것의 시작과 끝임을 의미한다. 앵커는 구원의 상징이자 영원의 항구에 평화롭게 도달한 영혼의 상징이다.

칼 융(C. G. Jung)은 그의 책(*The Collected Works*)에서, "우리 자아의 상징은 그리스도"(The symbol of self is Christ)라고 하였다. 그에게 있어서 우리의 자아는 하나님의 형상으로서 우리의 이미지를 보면 그리스도를 본다는 의미일 것이다. 그런데 자아의 상징이 그리스도라면, 자아가 그리스도를 결정해 준다. 하지만, 성경적으로 보면, 그리스도의 상징은 우리의 자아(The symbol of Christ is self)라고 할 수 있다. 곧, 그리스도가 우리의 자아를 결정하는 것이다. 곧, 우리는 그의 형상대로 지어졌고 그의 형상을 이루어 가고 있다. 그가 우리의 전부가 되는 것이다.

그리스도의 상징이 우리의 진정한 자아라고 할 때, 상징의 의미가 무엇인지 짚어본다. 어니스트 카시러에 의하면 인간은 "상징의 동물"이라고 하였다.37 이는 인간만이 상징이 무엇임을 이해하고 상징을 통하여 자신을 이해하고 세계를 이해한다. 칼 아리코(Carl Arico)는 그의 저서 『침묵의 멋』(A Taste of Silence)에서 "우리의 정신은 개념이나 이미지나 상징의 도움을 받지 않으면 어두워진다"라고 하였다.38

인간의 대뇌변연계(limbic system)는 감정과 행동, 동기부여, 기억과 후각 등 여러 가지 자율신경기능을 포함하는데 이는 말로는 표현될 수 없고 냄새나 그림이나 상징으로만 표현이 된다. 입에 침을 흘리며 말을 잃은 치매 환자일지라도, 천진난만한 어린아이의 미소나, 참된 사랑, 노래, 또는 그림 등의 상징에는 반응하기도 한다. 상징이란 실체를 만나게 하는 실재이다.

칼융은 상징을 매우 높이 통하는(high-flown)언어라고 했다. 상징은 언어가 다다를 수 없는 인간 존재의 깊은 곳까지 터치한다.

예를 들어, 성찬에서 빵은 그리스도의 몸을, 포도주는 그의 피를 상징한다. 산돌은 부활하신 그리스도의 상징이다 (벧전 2:4) '산돌'은 실제로 유대인들 사이에 메시아를 상징하는 것으로 알려졌으며 신약성경에서 예수 그리스도는 '모퉁이의 머릿돌'(마 21:42), '생명수의 반석'(고전 10:4), '기초석'(고전 3:11), '심판의 돌'(단 2:34)로 비유되었다.

엠마오를 향하던 두 제자가 그리스도의 몸을 상징하는 떡을 뗄 때,

그리스도를 알아보았듯, 우리는 상징을 통해 실체와 만날 수 있다. 상징은 존재와 연결되어 있다.

이러한 상징은 인간을 본연적으로 치유 변형시키는 강력한 힘이 되기도 한다. 이 상징은 언제나 상징하려는 실체 또는 실재에 참여하는 실재이기 때문이다.

윤동주 시인은 전쟁을 치르던 일본에서 27세 때 생체실험 중 희생되었다. 그가 「십자가」란 시에서, "괴로웠던 사나이, 행복한 예수 그리스도에게 처럼"이라고 표현했듯이, 윤동주 시인은 그의 진정한 자신을 '괴로웠던 사나이, 행복했던 예수 그리스도'로 부터 찾을 수 있었다.

십자가

쫓아오던 햇빛인데
지금 교회당 꼭대기
십자가에 걸리었습니다.

첨탑이 저렇게도 높은데
어떻게 올라갈 수 있을까요?

종소리도 들려오지 않는데
휘파람이나 불며 서성거리다가

괴로웠던 사나이

행복한 예수 그리스도에게

처럼

십자가가 허락된다면

모가지를 드리우고

꽃처럼 피어나는 피를

어두워 가는 하늘밑에

조용히 흘리겠습니다.

그는 일본 감옥에서 생체 실험중 고통스럽게 죽어가면서도 그리스도 안에서 진정한 자신을 찾았다. 그는 십자가, 피, 교회, 하늘을 포함하는 그리스도의 상징을 통해서 그리스도를 만나며 영원한 생명을 이미 맛볼 수 있었다.

우리는 자신이 치유 변화되어 가는 과정과 목표, 현존하는 실재를 나타내는 상징을 찾게 되면, 이는 자신의 치유변화를 돕는 촉매제가 될 수 있다.

나비는 처음에는 알에서 부화하여 유충으로 나와 애벌레가 된다. 애벌레는 딱딱한 번데기를 만든다. 그리고 이 번데기 속에서 자원하여 죽어 갈 때 애벌레는 산성 액체를 내 뿜어 그 자기 몸을 녹인다. 이것이 상당수 초록색 액체가 된다. 이 초록색 액체가 나비로 변하는데, 이때, 나비는 번데기를 벗어 버림으로, 아름다운 나비로 날아오르게 된다. 즉 나비는 번데기 삶을 청산할 때, 하늘을 자유롭게 난다. 우리도 이처럼 옛 자아가 죽음으로 진정한 자아로 치유변화 된다.

예수 그리스도는 한 알의 밀이 땅에 떨어져 죽음으로 많은 열매를 맺듯이, "자기 생명을 미워하는 자는" 영원한 생명을 얻게 된다고 말씀 하셨다.(요 12:24-25) 우리도 겉 사람이 죽을 때, 우리의 영원한 생명인 속 사람이 나온다. 그리스도의 성품을 가진 하나님의 자녀로 나타난다.

일본에는 킨쥬기(kintsugi)라고 불리는 그릇이 있다. 깨어져 못쓰게 된 그릇에 금을 붙여 오히려 더 튼튼하고 아름다운 예술작품으로 만드는 것을 말한다. 조금 깨졌다고 바로 버리는 것이 아니라 그 깨어진 틈을 금이라는 귀한 재료로 메꾸어 깨어짐이 더 돋보이게 하며 더 나아가 더 아름다운 무늬의 그릇이 되게 하는 치유변화를 상징하는 예술이다.

우리는 모두 깨어진 그릇과 같다. 죄로 깨어져 하나님의 영광에서 떠 났다. 성령 안에서 그 깨어짐은 자신의 원천인 하나님과 연결되게 해주 고, 주의 영광으로 싸매어진다. 깨어짐에서 온전함을 입게 된, 김철진 선 교사는 다음과 같이 고백한다.

"나의 상처에는 주님의 성령의 금빛이 스며들어 아름다운 무늬가
되었다. 세상에 둘도 없는 나의 참자아가 되었다."

그녀는 그러한 묵상을 담아 "깨어지기 쉬운 그릇"이란 시로 다음과
같이 주님을 찬양했다.

나는 초라한 그릇
밋밋하고 화려하지 않은 그릇
때로는 화려한 그릇을 부러워했네

나는 약한 그릇
깨어지고 부서지기 쉬운 그릇
때로는 튼튼한 그릇을 부러워했네

나는 다듬어지지 않은 그릇
매끄럽지 않은 무늬의 그릇
완벽해 보이는 그릇을 부러워했네

조각나고 깨어진 나의 인생에
그분이 오셨네
아름다운 금빛, 따뜻한 손길이
나의 상처에 흐르고 흘러

나의 깨어짐이 더 아름다운 무늬로
더 빛나는 온전함으로

이제 나는 세상에 하나밖에 없는 그릇
비교하지 않아도
그의 손길로 온전한 그릇
깨어져 더 아름다운 그릇

필자도 치유 변화의 상징을 도화지에 그려보았다.

밝은 노랑 주황색으로 원을 그렸다. 그 원으로 둘러싸인 곳에 내가 있고 하나님 임재의 빛으로 충만하다. 그 빛 원 안에 십자가가 세워져 있다. 나는 그리스도와 함께 십자가에서 죽음으로 살아났다. 하늘나라가 그 십자가의 꼭대기까지 와 닿았다. 그리고 십자가 위에 태양보다 밝은 빛이 비친다. 참 빛이신 그리스도의 빛이다. 영원한 빛이다. "그 성은 해나 달의 비침이 쓸 데 없으니 이는 하나님의 영광이 비치고 어린 양이 그 등불이 되심이라."((계 21:23)

마주 대한 그의 얼굴 빛에 내 눈물 마르고,
미소 짓는 내 얼굴 그의 영광을 반사하네.

제4장 • 그리스도와 같은 형상을 이루는 나

하나님이 미리 아신 자들을 또한 그 아들의 형상을 본받게 하기 위하여 미리 정하셨으니 이는 그로 많은 형제 중에서 맏아들이 되게 하려 하심이니라.(롬 8:29)

뒷동산에 올라가 하늘을 품은 산속 호수를 굽어보며 시를 지었다.

산속 호수에
산이 어리네.
하나님 형상인 내 안에
하나님이 어리네
그리스도가 드러나네

우리는 하나님의 형상이다. 죄로 깨어진 우리 인생은 주의 형상을 이루어 갈 때 온전케 된다.

왜 그리스도를 드러내는 진정한 자아가 되지 못할까?

왜 거짓 자아로 고통받으며 사는가? 왜 그리스도의 형상을 이루는 "진짜 나" 답지 못할까? 라고 자신을 점검해 보아야 한다. 필자의 한 학생은 다음과 같이 자신을 돌아 보았다.

"나의 참 자아는 어떤 모습인가? 나는 하나님의 형상을 닮았을까? 하나님의 자녀이기 때문에 당연히 하나님의 모습을 닮아야 하지만, 겉모습 이외에 그 내면의 모습이 정말 하나님을 닮았다고 확신할 수 있을까? 하나님과의 관계가 친밀하고 신실한 믿음으로 하나님께 순종하며 사는 사람의 얼굴은 빛이 난다. 늘 감사가 넘치고 성령 충만함으로 얼굴에 평화롭고 환한 미소가 떠나지 않는다. 그러한 사람들을 만나면 나도 모르게 의지가 되고 마음이 편안해짐을 느낀다. 그러면 다른 사람들은 나의 모습을 통해 무엇을 느끼게 될까? 나의 모습을 통해 하나님의 사랑과 기쁨을 느낄 수 있을까? 거울을 보면서 어둡고 빛을 잃은 나의 얼굴을 확인하게 되었다." 진정한 자아는 예수님의 형상을 본받아 가며 사랑하는 하나님 아버지와 늘 교제한다. 사람은 본래의 자기인 그리스도의 형상을 이루어 갈 때 기쁘다. 사과씨가 사과를 맺기 위해 있듯, 하나님 형상의 영적 유전자를 가진 우리는 그리스도의 형상을 이루기 위해 있다.

하나님 형상인 자,
그 형상 이루면
진짜가 되고,

그 형상 이루면
모든 상처 아무네

고난의 불구덩이에서

정금같이 나오는 영혼,

주의 형상으로 변화되며

그의 영광으로 번쩍이네.

'하나님은 사랑이 그분 자신이요. 빛이 그분 자신이다. 더 나아가 하나님의 어떠함은 행위에 있어서 의로우시며 본성에 있어서 거룩하시다. 이러한 묘사가 하나님의 속성들이다.' 이러한 형상은 하나님과 우리의 상호 관계에서 잘 나타난다. 플랜팅가(Plantinga, 1988)는 "이 형상 개념은 행위, 관계, 능력, 미덕, 기질 그리고 감정까지 포함하는 다양한 실재(reality)로서 드러나게 될 것이다"라고 하였다. 이 형상의 실재는 우리의 영혼뿐 아니라 몸까지도 포함할 것이다.

칼빈은 "사람의 요소요소에, 그 몸까지도, 하나님 형상인 영광의 빛이 비치지 않는 곳이 없다"라고 했다. 그 형상은 사람의 참된 지식과 의와 거룩함과 전인격을 통해 드러난다. 그는 또 기록하기를, "하나님의 완전한 본성이 각 사람 안에 보인다; 그들의 유일한 차이점은 각자가 그 자신의 독특한 존재를 가지고 있다는 것이다"라고 하였다.39

하나님은 그의 형상을 따라 사람을 지으시고 "보시기에 심히 좋았더라."(창 1:31)고 하셨다. 사람은 본래 하나님의 형상이다. 이 형상을 이루기 위해 무엇을 더 노력해야 하는 것도 아니다. 그 자체로 온전하고 영원하다. 하나님이 지어 주신 그대로 하나님의 영광이다. 이러한 사람은 하나님의 사랑과 은혜를 감사하고 그를 청종하여 살면 되었다. 그런데 사탄은 하나님의 형상인 사람에게 다가가서 무엇인가를 더 이루어야 하나님과 같이 된다고 유혹하였다. 금지된 선악과를 따 먹는 날에는 "눈이 밝아져 하나님과 같이 되어 선악을 알 줄 하나님이 아심"이라고(창 3:5) 꾀었다. 속아서 하나님께 불순종하여 선악과를 따먹은 인간은 자신의 본질이요 생명인 하나님의 형상을 잃어버렸다.

그날부터 아담의 자손들은 그들의 노력으로 잃어버린 하나님의 형상을 회복하려 했다. 그들은 자신들을 위해 만든 신의 모양을 따라 가다가 더욱 더 하나님과 멀어지고 짐승의 얼굴을 닮게 되었다.

죄로 타락한 인간은 스스로는 자신의 본질인 하나님의 형상을 회복할 수 없게 되었다. 또한, 자신의 본질인 하나님의 형상이 무엇인지도 잘 알지 못하게 되었다. 하나님 아버지는 이러한 인간을 불쌍히 여겨 그의 사랑하는 독생자 그리스도 예수를 보내어 주셨다. 그리스도는 자신을 비우사 인간의 몸을 입고 이 땅에 오셨다. 그의 말씀과 삶, 십자가 죽음과 부활을 통해 하나님의 형상이 우리 눈앞에 분명히 드러났다. 그리스도는 우리 자신의 원래의 형상이다.

현재 우리가 수건을 벗은 얼굴로 그의 영광을 보매, 그와 같은 형상으로 영광 중 변화되어 가고 있는데 이는 주의 영으로 말미암는다. 이제 '오직 우리의 심령이 새롭게 되어, 하나님의 형상을 따라 의와 진리의 거룩함으로 지으심을 받은 새 사람을 입으면'(엡 4:23-24) 우리는 하나님의 자녀로 나타난다.

그리스도는 보이지 않는 하나님 형상의 본체이다. 그는 우리의 산 원형이다. 우리는 현재 성령으로 말미암아 그와 동일한 형상을 이루어 가고 있다.

본회퍼는 다음과 같이 말했다.

'하나님은 잃어버린 자신의 피조물을 아주 버리지 않으셨다. 다시 자신의 형상을 그들에게서 창조하시려는 것이다. 몸, 영, 혼이 지상에서 이미 하나님의 형상을 가져야 한다는 것이다. 하나님의 만족은 오직 완전한 자신과 같은 모습에 있기 때문이다. 형상은 산 원형에서 형성된다. 형상은 형상을 낳는다. 스스로 생각해 낸 하나님의 형상이 인간의 형상을 형성하든지 그렇지 않으면 진리이며 살아 계신 하나님이 인간의 형태를 하나님 형상에 맞추어 빚어 만든 산 하나님의 형상일 것이다. … 만일 타락한 인간이 하나님의 형상을 다시 얻으려면 완전한 형상으로의 치유변화, 개혁 변혁(롬 12:2; 고후 3:18)이 반드시 일어나야 한다.'[40]

많은 사람이 자기 스스로 만든 신을 따라 짐승의 형상을 드러낸다.

하지만, 우리는 오직 하나님 형상의 본체인 그리스도를 본받음으로 하나님의 형상을 회복하고 그의 자녀로 나타나게 된다.

이 형상은 우리의 영원한 자아이기에 지나칠 수 없다. 존 스토트도, "그리스도처럼 되는 것, 이것이 바로 하나님이 영원 전에 우리에게 정하신 목적이다"라고 강조했다.

그런데, 원수들의 화살이 자아상(self-image)에 가장 많이 박혔다. 사탄은, 사람이 하나님의 자녀라는 정체성을 잃게 되면 그 영혼이 붕괴함을 알았다. 그래서 예수님을 시험했을 때, "네가 하나님의 아들이면"이라고 하며 그의 본질을 의심케 했다. 이럴수록 우리는 그리스도의 형상을 이루는 진짜가 되어야 한다. 짝퉁은 천국문에 들어갈 수 없다. 한 대학원생은 말했다.

> 나는 다 괜찮은 줄 알았는데 교수님의 수업과 책을 읽으며 지나온 과거 속에 슬퍼하는 자신을 발견하고 '괜찮다' 위로하시는 주님을 만나게 하셨고, 나를 온전히 만나 주시는 하나님과 진정한 교제를 나눌 수 있게 되었다. 내가 얼마나 존귀한 존재이며 하나님의 형상을 닮은 자로 얼마나 정성껏 만드셨는지 말씀하셨다. 좀 부족해도, 못나도 주님은 있는 그대로 나를 받으시고 나를 통해 영광 받으시길 기뻐하신다는 말씀은 지식이 아닌 체험으로 깨닫게 하시고 위로받게 하셨다. '하나님의 형상'이라는 말씀이 왜 그리 은혜가 되는지. … 주님의 형상만큼 온전한 모습이 있을까? 그렇게 나를 지으셨다니. …

오지에서 타 민족을 섬기는 한 선교사는 자신의 사역에서도 하나님 형상인 참 자아를 발견한 기쁨을 다음과 같이 말한다.

> "인간은 본래의 자기 형상으로 해방되어야 한다."41 본래의 자기 형상이란 이미 내 안에 계시는 우리의 원형인 그리스도가 발현되는 것이다. 그리스도의 형상이 우리 안에 이루어지기 시작할 때 내 속의 생수가 넘쳐나게 되고 그 생수가 흘러넘쳐 주변을 살리는 일이 바로 사역의 본질이며, 그것이 하나님께서 말씀하시는 하

나님의 일이다. 하나님의 형상을 닮아가는 삶은 우리의 원천이요 실체로서 산 원형인 그리스도를 만나는 것이므로 그것에 진정 기쁨과 행복이 있다. 이런 진정한 기쁨과 행복이 내 안에서 터져 나와 흘러넘쳐 주변을 살리는 것이 사역의 본질이다.

하나님의 형상은 그 자체가 원래 내 모습인 것이었다.
하나님의 형상을 회복한다는 것은 원래 내 모습을 찾아 가는 것이다.
어떻게 이런 놀랍고 감히 상상할 수도 없는 사랑이 있을까?

주님 앞에 엎드리어 나의 눈물로 주님의 발을 닦아드리고 싶다.
죄악된 나의 모습이 그 오랜 세월 하나님의 형상을 철저히 막고 있었는데도 포기하지 않으시고 "나의 영광은 바로 너다!!!"라고 말씀하시는 주님. …
그 음성을 듣는다. …
주님 감사합니다. ~~
주님께 저의 삶을 드립니다. …

종은 울리기 위해서 있고, 우리가 존재하는 것은 그리스도를 드러내며 그의 영광의 찬송이 되는 것이다.
우리는 본래 하나님의 형상인 영적 유정란과 같다. 우리는 그리스도의 형상으로 태어나고 있다. 영국의 목회자 F.B. 메이어는 조그마한 생명 발아체인 수정된 노른자가 어떻게 매일 조금씩 자라 껍질 안에서 병

아리가 되는지 살펴보았다. 그리고 말하길, "이제부터 그리스도께서 자라가고 커지며 다른 모든 것을 자신 안에 흡수하시면서 여러분 안에서 형체를 이루어 가실 것입니다"라고 하였다. 우리는 성령 안에서 "하나님을 따라 의와 진리의 거룩함으로 지으심을 받은 새사람"이 되어 가고 있다.

예수 그리스도는 우리 안에 태어나셔야 한다. "그리스도가 베들레헴에서 천 번을 태어난다 해도 아직 당신 안에서 태어나지 않았다면 당신은 여전히 잃어버린 상태다." 사도 바울은 "나의 자녀들아 너희 속에 그리스도의 형상을 이루기까지 다시 너희를 위하여 해산하는 수고를 하노니."(갈 4:19)라고 하였다.

우리 생명인 그리스도의 형상을 이룰수록 우리는 진정한 자신이 된다. 우리는 주의 영으로 말미암아 지금도 주와 같은 형상으로 변화되고 있다.(고후 3:18)

나무의 가지와 잎이 뿌리에서 생명의 진액을 공급받듯, 그리스도의 지체된 우리도 그리스도와 연합하고 상호 교제함으로 꽃을 피우고 열매를 맺는다.

키에르케고르에 의하면, 우리의 자아는 유한한 인간이 무한한 하나님과의 관계 안에서 계속 생성되어 가고 있다. 이 자아는 그 자체가 서로 관계하는 가운데 무한과 유한의 의식적인 통합이다. 그 자아 자체의 직무는 그 자체가 지어진 그대로 되어가는 것(becoming)이고, 이것은 오직 하나님과의 관계를 통해서만 이행되어질 수 있다. 자기 자신이 되어가는 것은 유한과 무한이 합한 결합체가 된다는 것이다.[42]

사도 바울은 그의 육체에 가시 곧 사탄의 사자가 있어서 괴로워했는데, 그것이 떠나기를 기도하니, 하나님은 "내 능력이 약한 데서 온전하여짐이라"(고후 12:9) 하셨다. 곧 바울의 몸은 유한함과 약함이 하나님의 무한함과 능력으로 결합되었을 때 온전케 되었다. 그리스도의 생명이 우리 죽을 몸에 나타나야 한다. 우리의 야만적이고 죄로 물든 자아가 성령과 물로서 거듭나야 천국에 들어갈 수 있다.

스위스 취리히 호수 옆에 칼 융이 살았던 2층집이 있다. 1층 리빙룸에는 그가 어릴때 부터 매력을 느꼈던 다윗이 자신이 죽인 골리앗의 머리를 들고 있는 그림이 있다. 그곳에는 프로이드와 아인슈타인 헤르만 헷세가 그와 함께 음식을 먹은 식탁이 있다. 필자는 그가 앉았던 의자를 만져 볼 수도 있었다.

그가 거룩한 장소로 여겼던 2층 방에는 그가 개별화(Individuation)라고 칭했던 진정한 자아를 찾아가는 상징물들이 있다. 그의 책상에서 보면, 왼편 유리창에는 성자 그리스도의 십자가 수난과 죽으심을 의미하는 스테인드글라스가 있고, 맞은편 벽에는 예수의 시신을 감쌌던 천으로 여겨지는 토리노 성의에서 나온 그의 얼굴 흔적의 사진이 있는데 이는 자기희생을 상징한다. 그리고 오른편 벽에는 옛사람이 죽음으로 거듭나 부활하는 파랗게 빛나는 자아의 상징이 그려져 있다.

로스엔젤레스에서 미국 인디언 원주민인 한 남성을 만났다.

그는 매일 아침 일어나서 빨강 물감으로 그의 이마에 엄지 지문 같은 것을 찍었다. 그것은 그리스도의 피를 상징한다고 했다. 어느 조용한 오후 휠체어에 앉은 그와 대화를 나누었다. 그는 뇌졸중으로 오른쪽 눈이 멀게 되었고, 오른쪽 몸은 마비가 되었다고 했다. 나의 물음에 그가 하는 말이 자신의 에고(ego)로 인해 그렇게 되었다고 했다. 너무 생각을 많이 하다보니, 피가 머리로 통하지 않아 그렇게 되었다고 했다. 그러면서 에고를 떼어내어야 겠다고 했다.

칼 융은 우리에게 의식의 중심인 자아(ego, 에고)와 그 아래 우리 존재 전체의 중심인 참 자아(Self)가 있다고 했다. 하나님 형상인 속 사람 참 자아(Self)가 겉사람인 자아(ego)를 고쳐놓고 치유 변형시킬 때, 우리는 온전하게 되며 하나님의 형상을 드러내게 된다

〈그림 3〉

칼융이 말한 겉사람인 자아(ego)와 속사람인 참 자기(Self)에서 겉사람 에고는 사람이 경험하는 의식의 중심으로 생각과 감정과 기억과 감각과 지각의 합계라고 할 수 있다. 이는 정과 욕심과 죄악과 어두한 한에 매

인 옛 자기이기도 하다. 인간 영혼 깊은 곳에 있는 참 자기는, 사람 존재 전체의 중심이요, 의식과 무의식을 포용하는 전체 영역으로, 하나님 형상의 불꽃이 타오르고 있다. 대개 우울증 정신질환등은 무의식 속의 참 자기(Self)와 의식 속의 거짓 자아(ego) 사이의 부조화에서 발생한다. 하나님의 형상인 속사람 참 자아 (Self)가 우리의 겉사람 에고(ego)를 치유 변화시켜 주의 형상을 이루어 갈 때, 우리는 하나님의 자녀로 나타난다.

우리는 거듭나야 하나님의 나라를 체험한다.

니고데모가 예수께 와서 하나님이 함께 하지 아니하시면 당신이 행하시는 표적을 아무도 할 수 없다고 할때, 주님은 "진실로 진실로 네게 이르노니 사람이 거듭나지 아니하면 하나님의 나라를 볼 수 없느니라. 진실로 진실로 네게 이르노니 사람이 물과 성령으로 나지 아니하면 하나님의 나라에 들어갈 수 없느니라"(요 3:3,5)라고 말씀하셨다.

융이 말한 표면적 자아와 영혼 깊은 곳의 하나님 형상인 참 자기는 예수 그리스도의 진리의 말씀을 통해 잘 이해가 된다.

인간의 생명을 말할 때 예수 그리스도는 이 땅에 속한 낮은 생명과 하나님께 속한 영원한 생명 두가지로 말씀하셨다: "자기 생명(psuche)을 사랑하는 자는 잃어 버릴것이요 이 세상에서 자기 생명을 미워하는 자는 영생(zoe) 하도록 보존하리라."(요12:25) 즉, 앞에 나오는 자기 생명(psuche)은 인간의 열등한 품위가 떨어지는 생명이다. 이는 자기 존재의 근원인 하나님을 떠난 옛 자아 또는 거짓 자기가 될수 있다. 이것은 성 어거스틴이 말한 하나님 형상의 흔적만 지니고 있는 것이요, 칼 융이 말한 에고 곧 표면적 자아를 가리킨다. 이 생명은 일상적인 목숨과 인격의 내적 자아를 뜻한다. 그래서 어떤 성경은 여기 나오는 생명을 "그의 자신(his self)"이라고 번역하였다.

뒤에 나오는 영생하는 생명은(zoe)은 "본질적인 생명 그 자체"로서, 하나님 아버지와 그리스도로부터 나온 영원한 생명이요 우리의 참자아(Self)이다. 곧, 목숨을 구하고자 하면 잃을 것이요 그리스도를 위해 잃고자 하면 하나님과 그리스도로부터 나오는 영생하는 생명을 보전하리라고 하셨다. 이 참 생명은 사도 바울이 말한 속사람이요, 성 어거스틴이 말한 하나님 형상인 참 자기를 말한다. 참 자기는 그리스도와 하나님께 속하는 생명으로 장차 받을 생명이지만 겉사람이 죽고 속사람이 살 때, 이미 우리는 이 영원한 생명을 받아 누리며 산다.[43]

한 알의 밀이 땅에 떨어져 죽어야 새싹이 움트고 많은 열매를 맺는다. 죽은 척만 해서는 새싹이 움트지 않는다. 예수 그리스도는 한 알의 밀알같이 친히 십자가에 못 박혀 죽으심으로 부활하사 우리에게 영원한 생명을 주셨다. 내게 사는 것이 그리스도니 내가 죽을 때, 그리스도가 생명인 영원한 자아로 거듭난다. 이 진정한 자아는 세상의 빛으로서 어둠을 밝힌다. 하나님을 사랑하고 이웃을 내 몸같이 사랑한다. "C.S.루이스도 고난을 통해 살아계신 하나님을 더 잘 알게 되었다."

필자는 영국 옥스포드 교외의 C.S 루이스가 살던 집을 방문하여 그의 삶을 좀 더 가까이서 느껴 볼 수 있었다.

루이스는 네 살 때 그가 사랑했던 강아지가 죽자 그 개의 이름을 따서 자신을 잭(Jack)이라고 평생 불렀다. 그가 9살 때 그의 어머니 플로라

(Flora)는 암으로 돌아가셨다. 그는 옥스포드 대학교에 입학시험을 보았으나 수학 점수가 낮아 낙방했다. 다행히 전쟁에 나가면 수학시험이 면제되어 그 후에 입학이 되었다. 그러한 그는 19세 때 1차 세계대전에 나가 친구를 잃고 자신은 영국군 포탄 파편 조각이 엉덩이에 박히는 부상을 입었다. 루이스는 장교 훈련 기간 중 알게된 패디(Paddy)란 친구가 전사하자, 약속한 대로 그의 어머니 무어 부인과 누이를 자신의 집으로 모시고 와서 평생 보살폈다. 루이스의 세 살 위의 형 워런(Warren)은 전쟁에 나갔다가 외상 후 스트레스장애(PTSD)로 정신적인 질환에서 헤어나오지 못하고 고통을 잊고자 술에 중독되기도 했었다. 평생을 독신으로 지내던 루이스는 58세에 불치 암에 걸린 조이(Joy Gresham)와 결혼을 하게 되었다. 그러나 그들 둘이 산책하다가 언덕에 잠시 기대어 찍은, 벽에 걸린 사진에서도 볼수 있듯, 땅만 주시하는 그들의 모습에서 상실의 아픔이 다가옴을 느꼈다. 루이스는 결혼 4년 만에 조이와 사별하고 만다. 이 상실은 그에게 큰 아픔을 안겨 주었다.

고난을 통해 주의 율례를 배운 루이스는 죽음으로 사는 진리를 다음과 같이 강조했다.

"자신을 포기하십시오. 그러면 진정한 자아를 발견할 것입니다. 자기 생명을 버리십시오. 그러면 생명을 얻을 것입니다. 죽음을 받아들이십시오. 매일의 야망과 이루고 싶은 바람들의 죽음을 그리고 언젠가 찾아올 몸의 죽음을 받아들이십시오. 온몸과 마음으로 받아들이십시오. 그러면 영원한 생명을 발견할 것입니다. 그러나 자기 자신을 찾으면 결국 미움과 외로움과 절망과 분노와 파멸과 쇠퇴만을 보게 됩니다. 그런데 그리스도를 찾으면 그를 만날 것이며 그와 함께 모든 것을 얻을 것입니다."

400년전 '실레지아의 천사'라는 필명으로 발표한 요한 쉐플러(John Scheffler, 1624-1677)도 다음과 같이 말했다.

"외적인 것은 도움이 안 된다. 골고다의 십자가가 당신 안에 세워지지 않는 한 그 십자가는 당신을 죄에서 구원할 수 없다."

"죽은 자 가운데서 살아나라! 당신이 죄와 사망에 묶여 있는 한 그리스도의 부활은 당신에게 도움이 안 된다."44

'거짓 나'가 죽을 때, 그리스도가 생명인 진짜 나를 발견한다. 이 참 자아는 '내가 사나 내가 아닌 그리스도'가 사는 것이다.

그리스도가 사는 참 자아를 보고, 헤르만 헤세는 데미안에서 다음과 같이 말했다. "우리 마음속에는 모든 것을 다 알고 모든 것을 원하고 우리 자신 보다 모든 것을 더 잘 해내는 누군가가 살고 있어." 또한 도스토엡스키가 소설 속 인물인 미챠 카라마조프를 통해, 자신 안에 항상 있는 새로운 존재를 발견하며, "내 안에서 새로운 인간이 부활했어"라고 말한 대상은 우리 안에 그리스도의 형상을 이루어가는 영원한 자아를 말한다.

한 알의 밀이 땅에 떨어져 죽어야 새싹이 나오며 살듯이 우리의 옛
자아가 완전히 죽었을 때, 그리스도가 사는 진정한 자아로 거듭난다. 이
때 우리는 "내가 사나 내가 아닌 그리스도가 내 안에 사신다"라고 고백
하게 된다.

에크하르트도 이와 비슷한 말을 하였다. 곧 인간은 두 가지 존재, 즉
"창조되어 자기 자신 안에서의 존재"와 "태어나지 않은 신 안에서의 존
재"를 갖는다. 그러므로 인간은 피조물로서의 자기 자신(ego)으로부터 벗
어나 신 안에서 '창조되지 않고, 창조될 수 없는' 존재로 다시 태어남으
로써 신과 하나임을 회복할 수 있다고 했다.

본래 인격 또는 성격이란 말의 어원도 형상이라는 뜻이다.

하나님의 아들 예수 그리스도에 대하여 "이는 하나님의 영광의 광채
시요. 그 본체의 형상이시라."(히 1:3)고 하였다. 여기서 형상이란 말은 헬
라어로 카락텔(charakter) 곧 성격(character)이란 말이다. 곧 성격이란 하나님
의 형상(image)이 우리에게 인쳐진 것이고, 동전에 초상화를 새기듯, 그대
로 새겨진 것이다.

성격은 한 사람의 됨됨이와 특성을 반영해 준다. 이러한 성격은 세상
에 반응하는 행동, 태도, 동기, 생각, 감정들로서 개인의 심리적인 특성
과 독특성이고, 한 개인의 생활 속에서 일관성을 보이는 것이다.

하나님은 "변치 않는 성격"(Immutability)을 가지시고 변치 않은 사랑을
베푸신다.

웨인 오우츠가 말했듯, "성격이란 우리가 좌절과 환난의 시련을 인내하고 그리스도 예수 안에서 하나님의 부르심을 따라 순종의 연단을 받은 자에게 새겨진 형상이다."[45] 우리는 신의 성품에 참예하는 자가 되었다.(벧후 1:4)

그리스도는 나를 본 자는 아버지를 보았다고 하셨듯, 그의 형상을 이루는 자도 그리스도를 보여 달라고 하는 이들에게, "나를 본 자는 그리스도를 보았다"라고 말할 수 있어야 한다.

가가와 도요히코(하천풍언)목사는 1888년 기생 스가우가메의 2남으로 태어났으나, 그가 4~5세 되던 때 그의 아버지와 어머니가 세상을 차례로 떠났다. 그는 세계 2차 세계대전때 반전평화 지도자로 활동하다가 헌병대에 구속되었고, 일본 천황에게 불려갔다. 심각한 분위기에서 천황이 그에게 물었다고 한다. "도대체 네가 그렇게 죽도록 충성하는 예수는 누구를 닮았느냐?" 하천 목사는 대답하기를 "저를 닮았습니다. 저를 보시면 예수님을 가장 잘 아실 것입니다."라고 말하였다.

오스왈드 챔버스(Oswald Chambers)는 그리스도를 닮은 삶에 대해 다음과 같이 말했다.

"그리스도인 성격의 발로(expression)는 유익한 일을 하는 것이 아니라 하나님을 닮은 것이다. 만일 하나님의 영이 당신을 마음속으로 변화시켰다면, 당신은 당신의 삶과 생명(life) 속에서 착한 인간의 특성들이 아닌, 신의 특질들을 나타낼 것이다. 우리 속에 있는 하나님의 생명은 경건해지려고 노력하는 인간의 생명이 아닌, 그 자체로 하나님의 생명을 나타낼 것이다."

한 그리스도인의 삶의 비밀은 하나님의 은혜로 초자연적인 것이 그 사람 안에 천부적으로 자연스럽게 되는 것이다. 이것의 경험은, 삶의 실제적이고 세부적인 일들에까지도 이루어진다. 이러한 사람은 부지중에 하늘의 향기를 낸다. 부지 중에 그리스도를 드러낸다.

C.S. 루이스는 우리가 이 순간도 그리스도와 같은 형상을 이루어 가고 있음을 말했다.

> "진정한 사람이셨던 그리스도는 … 당신에게 역사하여서 … 점점 당신을 영원히 … 새로운 작은 그리스도로 … 그의 능력, 기쁨, 지식 그리고 영원을 함께 나누는 존재로 변화시키고 있습니다."

우리 안에 계신 주의 영광을 보며 그와 같은 형상으로 변화할 때 우리의 속 사람이 변하고 본질과 실재가 변한다. 이런 자는 이미 천국을 누리며 산다.

하나님을 사랑하는 자에게는 상실과 아픔, 고난과 눈물, 희생과 죽음 등 모든 것이 협력하여 그리스도의 형상을 이루어 가게 한다.

"하나님이 미리 아신 자들을 또한 그 아들의 형상을 본받게 하기 위하여 미리 정하셨으니"(롬 8:29), 역사의 맷돌이 천천히 돌아가는 것 같아도 하나님이 이미 과거에 정하신 일은 그대로 이루어진다. 그 결과 우리는 현재 주와 같은 형상으로 변화되고 있다.

"우리가 다 수건을 벗은 얼굴로 거울을 보는 것 같이 주의 영광을 보매 그와 같은 형상으로 변화하여 영광에서 영광에 이르니" 곧 주의 영이

우리를 현재 그와 같은 형상으로 치유 변화시켜 주고 계신다 (고후 3:18)

우리는 미래에 그리스도와 같게 된다. "사랑하는 자들아 우리가 지금은 하나님의 자녀라 장래에 어떻게 될지는 아직 나타나지 아니하였으나 그가 나타나시면 우리가 그와 같을 줄을 아는 것은 그의 참모습 그대로 볼 것이기 때문이니." (요일 3:2)

그런데 하나님은 우리를 그리스도의 형상으로 빚으실 때, 고난의 십자가를 통해 온전케 하신다. 하나님을 사랑하는 자에게는 고난과 죽음까지도 포함하는 모든 일이 협력하여 선이 되게 하신다. 이 선이란, 바로 우리로 그 아들의 형상을 본받게 하는 것이다.

아날로그(analog) 시계를 열어보면 바퀴 하나가 시계가 도는 방향과 정반대의 방향으로 돌고 있는 것을 볼 수 있다. 그러나 나중에 그 바퀴는 시계가 도는 방향으로 도는 바퀴와 연결된다. 그런데 우리의 삶도 마찬가지다. 무엇이 엇물린것 같고 뒤틀려 돌아가는 것 같지만 결국은 하나님의 경륜과 섭리하심 가운데 하나님의 목적하는 바에 이르게 된다.

존 스토트는 "실망할 때든, 좌절할 때든, 괴로운 일을 당할 때든 우리는 로마서 8장 28~29절에 비추어 고난을 이해해야 합니다"라고 강조했다. 곧 하나님을 사랑하는 자에게는 상실과 아픔, 슬픔과 눈물, 고통, 심지어 죽음까지도 합력하여 그리스도와 동일한 형상을 이루어 가게 한다. 죄악으로 깨어진 자아도 그리스도의 십자가를 보며 그와 같은 형상으로 치유 변형 되어 갈 때, 하나님의 영광으로 빛난다.

17 세기 영성가 장 피에르 드 코사드는 다음과 같은 비유로 우리가 주의 형상을 이루어 간다는 것이 어떤 것인지 말했다.

십자가상으로 조각될 돌에게 "너에게 어떤 일이 일어날 것이라고 생각하느냐" 라고 묻는다면 돌은 이렇게 대답할 것이다.

"나에게 묻지 마십시오. 나는 조각가의 수중에 움직이지 않고 있어야 한다는 것, 그리고 그를 사랑하며, 그가 염두에 두고 있는 형상을 만들어 내기 위해서 나에게 가하는 모든 일을 참고 견뎌야 한다는 것밖에 알지 못합니다. 그는 그 방법을 알고 있습니다. 그러나 나는 그가 무엇을 할 것인지, 또 나를 어떻게 사용할 것인지도 알지 못합니다. 그러나 나는 그가 최선을 다해서 작업을 하리라는 것을 압니다. 그의 솜씨는 완벽합니다. 그가 끌로 나를 다듬을 때, 나는 그것이 나에게 발생할 수 있는 최상의 일이라고 여겨 환영합니다. 그러나 솔직히 말하면, 나는 끌이 나를 다듬을 때마다 그것이 나의 형태를 흉하게 만들고 망치고 있다고 느낄 것입니다. 그러나 나는 염려하지 않습니다. 나는 현재의 순간에 집중하며, 내 의무만 생각하며, 조각가의 의도는 알지 못하지만, 그가 나에게 가하는 모든 일을 견디고 초조해하지 않을 것입니다."[46]

하나님은 우리 삶의 모든 고난과 핍박은 물론 심지어는 죄를 포함하는 사건들까지도 통합하고 녹여 우리를 유익하게 이끄신다. 모세는 이스라엘 백성에게 다음과 같이 알려 주었다.

"너를 인도하여 그 광대하고 위험한 광야 곧 불뱀과 전갈이 있고 물이 없는 건조한 땅을 지나게 하셨으며 또 너를 위하여 단단한 반석에서 물을 내셨으며 네 조상들도 알지 못하던 만나를 광야에서 네게 먹이셨나니 이는 다 너를 낮추시며 너를 시험하사 마침내 네게 복을 주려 하심이었느니라."(신 8:15-16)

그리스의 철학자 플라톤은 말했다.

"우리는 신들에게서 오는 모든 것은, 신들에게 소중한 그 사람에게, 가장 좋은 것으로 드러난다는 것에 동의하지 않는가 … 그렇다면 우리는 의로운 사람에 대해 이런 결론을 내려야 한다. 그가 가난이나 질병이나 어떤 다른 악에 둘러싸여 있더라도, 이것들은 결국에는 그에게 좋은 것으로 입증될 것이다. 살아 있을 때이든, 죽었을 때이든." (Plato, Republic, 10.12)

이러므로 우리는 다음과 같이 노래할 수 있다.

하나님께서 정한 것이라면
만사가 형통하리
어떤 어려움이라도
마침내는 좋게 풀리리

"하나님이 미리 아신 자들을 또한 그 아들의 형상을 본받게 하려고

미리 정하셨으니"(롬 8:29)라고 하였는데, 여기서 "본받는다"는 말은, 같은 모양을 취한다는 뜻이다. 외적인 모양뿐 아니라 내적인 일치를 말하는 것이다. 본질이 같은 것이다. 이 일치는 '내적인 본질에 대한 외적인 표현'이라는 것이다. 여기서 내적인 본질에 있어서 하나님의 아들을 닮고 '본받는다'라는 것이다.

바울은 갈라디아 교회에 보내는 서신에서 '그리스도의 형상'에 관해 썼다. "나의 자녀들아 너희 속에 그리스도의 형상을 이루기까지 다시 너희를 위하여 해산하는 수고를 하노니."(갈 4:19) 이 구절에서 말하는 "형상"은 헬라어 '몰프호오'의 번역으로 '형성하다', '형상(모양)을 이루다'는 뜻이다. 우리에게 그리스도의 본질적 형상이 이루어지는 것을 가리킨다. 그리스도가 우리들의 심령을 온전히 채워야 함은 물론 그리스도의 본질이 우리의 본질이 되어야 한다는 강력한 메시지다.

사도 바울은 로마인 교회에 보내는 서신에서도 '그리스도의 형상'에 관해서 썼다. "하나님께서는 전부터 아셨던 사람들을 그분의 아들과 동일한 형상을 갖도록 미리 정하시고."(롬 8:29, 쉬운성경) 여기서 말하는 형상은 우리 모두가 취하고 닮아가야 할 내적 성품, 우리 모두가 기필코 이루어 내야할 그리스도의 복음적 사역까지 포함한다.

옥합이 깨어져야 향유가 흘러나오듯, 속사람을 싸고 있던 껍질인 옛 자아가 깨어질 때, 그리스도에게서 오는 속 생명이 흘러나온다.

앤드류 머레이는 말한다.

"하나님 자신과 그분의 영광을 위하여 살아가려고 자아를 잊어버리고 자기 자신을 내어놓으면, 마음이 넓어지며 하나님과 그분의 뜻이라는 빛 아래서 모든 것을 조명해 보게 된다."

자신을 부인하는 자는 하나님의 능력으로 완전 해진다.

예수 그리스도는 겟세마네 동산에서 "아버지여 만일 아버지의 뜻이거든 이 잔을 내게서 옮기시옵소서. 그러나 내 원대로 마시옵고 아버지의 원대로 되기를 원하나이다."(눅 22:42) 라고 기도하셨다.

천국에서는 하나님의 뜻만이 이루어진다.

우리 삶 가운데서도 그의 뜻만이 이긴다.

하나님의 뜻이 최선이다.

내 뜻이 아닌 아버지 하나님의 뜻이 우리에게 이루어질 때 온전하게 된다.

장 피에르 드 코사드도 그의 책 『자기포기』에서 다음과 같이 말했다.

"온전함에 이르는 최상의 길이란 하나님의 뜻에 순종하는 특별한 삶-자기 포기의 삶을 택하는 것이다. 자기포기(self-abandonment)란 우리를 하나님 및 하나님의 모든 섭리와 역사하심에 우리의 믿음과 소망과 사랑을 더하는 것이다."

우리의 영이 깨어 있으면 일상에서 일어나는 모든 일들 속에서도 하나님의 섭리를 느낄 수 있다.

구약성경에 나오는 나오미는 모압으로 이주한 후 남편과 두 아들 모두를 잃었다. 그렇지만 그녀는 하나님 뜻에 순종했다. 그녀는 "전능자가 나를 심히 괴롭게" 하셨다면서, 희락이란 뜻의 자신의 이름 나오미 대신 괴로움이란 뜻의 마라라고 자신을 불러 달라고 했다. 그녀는 가족을 셋이나 잃어버린 말할 수 없는 고통가운데서도, 여호와의 섭리하심을 믿었다. 또한 하나님의 역사하심에 소망을 가지고 사랑하는 며느리로 하여금 보아스와의 결혼을 성사시켰다. 그러자 그녀에게 룻을 통해 아들 오벳이 태어났다. 오벳은 우리 구주 예수 그리스도가 나신 혈통이 되었다.

하나님의 섭리를 믿고, 온전히 주님께 맡길 때, 진정한 자신을 찾는다.

아드리안 라져 목사는 영국의 유명한 설교가 에프 비 마이어(F.B. Myer) 목사를 소개한 바 있다. 마이어는 신앙생활하면서 오랫동안 무거운 짐을 지고 살때가 있었다. 기쁨이 없었다. 그런데 자신의 교회에 한 젊은 강사를 초청하여 저녁 예배를 드렸다. 그는 기쁨이 충만하게 사는 비밀을 아는 듯했다. 예배 후, 그는 그 분에게 가서 당신은 내가 갖지 못한 것을 가진 듯한데 어떻게 항상 기뻐하느냐 물었다. 그 젊은이는 자신을 바라보더니 "당신은 당신의 모든 것을 예수 그리스도께 굴복시키고 드렸습니까." 목사님은 일반적으로 그렇게 했다고 말했다. 젊은이는 '그것으로 충분치 않다. 그러니 오늘 저녁 주님께 완전히 자신을 굴복해 보세요. 정리하세요'라고 했다. 마이어 목사님은 침실에 들어가 문을 잠그고 무릎을 꿇었다.

"주님 저의 삶을 바로 정리하려고 합니다. 제가 많은 열쇠를 가지고 있는 듯한데, 내 삶의 모든 열쇠를 주님께 드립니다." 주님 말씀하시길 "이게 전부냐?" 작은 키 하나는 제가 가지고 있습니다. 주님께서 너는 그 열쇠를 내게 주어야 한다. 사탄은 '그 열쇠를 주님께 드리지 말라'고 했다. 마이어는 고투했다. "제가 이 열쇠를 드릴 힘이 없습니다. 이것을 주님께서 가지고 가시겠습니까" 하면서 손을 위로 들어 올렸다. 주님께서 그의 손가락을 펼쳐서 그 작은 열쇠를 가져가셨다. 그 열쇠로 덮힌 것을 걷어내고 여니, 그 안에는 자신이 보지도 못했던 포악과 사악과 죄가 가득 차 있었다.

그날 밤 그는 그 모든 죄의 열망을 버렸다. 다음 날 아침 잠을 잔 후, 할렐루야 찬양하며 일어날 줄 알았는데 그렇진 않았다. 그 대신 그 안에는 '나는 완전히 주님의 것이다'라는 조용한 확신이 서 있었다. 그렇다. "나는 완전히 그의 것이다." "나는 완전히 그의 것이다."

그렇다. 내가 가지고 움켜쥐고 있었던 모든 것을 버리고 나면 하나님이 보인다. 사도 바울이 그러했고, 아시시의 성 프란치스코가 그러했다. 주님을 따라가려면 자신을 부인해야 한다. 그 뒤에 새 생명이 찾아온다. 우리는 십자가 죽음을 당하심으로 부활하신 그리스도를 본받아 살 때, 영생하고 천국의 기쁨을 누린다.

필자가 어릴 때 고모 댁에 놀러 가서 누에가 실을 계속 뽑아내며 움직이는 것을 보니 신기했다. 하나님의 형상인 참 자아의 삶은 누에와 같다. 누에는 끊임없이 누군가를 위해 실을 내어준다. 이렇게 누에는 고치를 만들고, 번데기가 되어 죽음의 세월을 보내다가 나비로 변신한다. 이와 같이 우리의 옛 자아도 죽음으로 부활 생명 받아 그리스도와 같은 형상을 이루어간다.

맨발의 가르멜 수도회 창립자 십자가의 성 요한은 고난이 깊은 영혼의 어두운 밤에, 하나님 사랑의 열렬한 사랑 안에서 자기 영혼을 찾았다. 그는 자신을 부인하며, 자신의 얼굴을 사랑하는 자에게 기대었다. 그러면서 그는 "백합화 속에 나에 대한 관심을 잊은 채, 모든 것이 끝나고, 나는 나 자신을 버렸다"라고 했다. 그는 거짓 자아를 버림으로 그리스도의 형상인 참자아를 얻었다. 하나님을 사랑함을 통해 하나님과 연합하였다. 이로써 영원한 자아로 거듭났다. 이것은 그에게 행복한 밤이었다.

베아트리체 클릴랜드는 이러한 자에 대해 다음과 같이 말했다.

> 당신이 말한 그 말에 의해서만 아니라,
> 당신이 고백한 그 행동을 통해서만이 아니라
> 아무도 깨닫지 못하는 방법으로
> 그리스도는 표현됩니다.

> 아름다운 미소를 띨 때인가요?
> 당신의 이마가 거룩하게 빛날 때인가요?
> 아닙니다. 당신이 활짝 웃었을 때
> 나는 그분의 임재를 느꼈습니다.

그것은 당신이 가르친 진리가 아니었습니다.

당신에게는 명확했지만, 저에게는 희미했습니다.

하지만 당신이 나에게 왔을 때

당신은 그분의 향기를 전해주었습니다.

당신의 눈 속에서 그분은 나에게 손짓합니다.

당신의 가슴에서부터 그분의 사랑이 솟구칩니다.

나는 당신을 보고 있는 것이 아니라,

그리스도를 보고 있습니다.

보나벤투어는 자신이 저술한 『성 프란시스의 일생』에서 프란시스는 그 성흔에서 "육체의 순교에 의해서가 아니라 영혼을 삼키는 그의 사랑의 불에 의해 십자가에 못 박히신 그리스도의 형상으로 완전히 변형되었다"고 하였다.

케년(E. W. Kenyon)은 그의 책 『속사람』(*The Hidden Man*, 1988, p. 184)에서 다음과 같이 말했다.

"우리는 하나님과 연결되어 있습니다. 그는 이제 우리 자신의 아버지가 되십니다. 그는 우리 안에 있습니다. 우리는 그 안에 있습니다. 우리는 그의 한 부분입니다. 우리는 그의 자녀입니다. 우리는 천국으로부터 났습니다. 우리는 하나님으로부터 나왔습니다. 성령이 우리를 낳으셨습니다. 말씀이 생명을 주었습니다. 그의 뜻 가운데 우리를 낳으셨습니다. 우리 주 하나님과의 연합은 인간의 지성을 초

월합니다. 자연 그대로의 마음은 이것을 이해하지 못합니다. 우리
는 그의 신성에 참여한 자들입니다."

하나님은 그와 동일한 형상을 이루어 가는 자에게 입맞추시며, "나의
사랑, 내 어여쁜 자야 일어나서 함께 가자"라고 하신다.

우리와 동행하시는 하나님이 우리 안에 들어오실 때, 우리는 그의 이
야기 안에서 나의 이야기를 발견할 수 있다. 그의 아픔이 나의 아픔이 되
고 그의 죽음이 나의 죽음이 되며 그의 부활이 나의 부활이 된다. 그의
승리가 나의 승리가 되며 그의 기쁨이 나의 기쁨이 된다.

월터 와그네린(Walter Wagnerin)은 그의 저서 『비탄을 춤으로』(Mourn into
Dancing)에서 하나님은 행함으로 우리를 사랑하신다고 했다.

> "하나님은 우리 자신의 경험 안에 들어오신다. 관계 속에 현존함(the
> living)과 새롭게 된 관계의 부활로 들어오실 때, 우리는 하나님을 경
> 험적으로 만났다. 그것은 우리의 이야기들과 그의 이야기가 융합하
> 는 것이다. 이 두 개는 동일한 이야기이다. 그가 클라이맥스에서 한
> 것이 나의 클라이맥스이기도 하다. 내가 이 땅을 떠나기 전에 많은
> 이야기들을 쓰겠지만, 이 이야기보다 더 소중한 것은 없다."

한국의 이세종 선생은 예수 그리스도를 본받는 삶을 살아가려 했다.
그는 산 좋고 물 맑은 전남 화순에서 1880년에 태어났다. 삼 형제의
막내로 태어나 일찍 부모를 잃었다. 그러자 그는 남의 집 머슴살이를 했

다. 가난에 한이 맺힌 그는 전답과 집을 마련해 남보란 듯이 살아보는 것이 소원이었다. 그래서 남에게 쌀 한톨도 주지 않고, 악착같이 재산만 끌어모았다. 마흔 살이 넘자 그는 어느새 100마지기에 이르는 전답을 가진, 마을에서 가장 큰 부자가 되었다. 하지만 그는 열여섯 살이나 어린 아내와의 사이에 자식이 없었다.

자녀를 낳으려고 공을 들이고 있는데, 어떤 무당이 찾아와 말하길, '내가 말하는 곳에 신당을 짓고 공을 들이면 자녀를 낳는다'라고 했다. 그래서, 자식을 얻기 위해 무당이 잡아준 터에 신당을 지었다. 그곳에서 공을 들이는데, 무당이 세상을 떠났다. 그 와중에 신당을 지었던 목수가 옛날 성경책을 가지고 와서 "이것이나 보시오" 하고 건네주었다.

그러나 그는 까막눈이었다. 마을 사랑방에 가 글자를 아는 사람에게 성경 첫 줄을 읽어달라고 했다. 창세기 1장 1절이었다. '태초에 하나님이 천지를 창조하시니라'였다. 그 한 구절을 새기며 개천산을 오르던 이세종의 눈에, 하나님이 창조하신 창조물이 펼쳐졌다. 그는 영적 눈이 열리며 글을 배워 기쁨으로 성경을 읽었다. 그는 누가복음 19장에 나오는 삭개오를 보고 큰 깨달음을 얻은 후, 예수 믿기 전에 지었던 죄를 회개했으며 양식과 돈을 빌려 간 사람들을 모두 불러 모아놓고 그들 앞에서 차용증서를 불태우고 모든 빚을 탕감했다. 또한 재산을 팔아 걸인과 빈자들에게 나눠주기 시작했다. 영원히 사는 것을 알게 된 그에겐 언제 그랬느냐는 듯이 자식에 대한 미련도 없었다.

모든 것을 버리고 비운 이세종은 그 뒤 빌공(空)자를 써서 자신의 이름을 이공이라고 했다. 그리스도 안에서 진정한 자신을 찾은 그 안에서 영원한 생명의 영이 흘러나오기 시작했다. 그가 남긴 말이 있다.

파라파라 깊이 파라
얕이 파면 너 죽는다.

그의 말을 새기며, 필자가 "깊이 파면 사네"라는 시를 지었다.

깊이 파면 사네,
얕게 파면 죽네
깊이 파면 통하네

깊이 파면 생명수 터지고
깊이 파면 주님 만나네
깊이 파면 그의 얼굴 뵙고
깊이 파면 그의 형상 이루네

우리의 원형인 그리스도와 같은 형상을 이루어 갈 때 우리는 하나님의 자녀로 나타난다. 주의 형상을 이루어 가는 자는 그의 영광 가운데 놀라운 일들을 경험하며 살게 된다.

그리스도 안에서 자신을 찾아가는 한 대학생은 다음과 같이 말했다.

"나는 태어날 때 어머니로부터 받은 '거절감'에 의한 사랑 결핍으로 어린 시절 친구와의 관계에 어려움을 겪었다. 사랑받기 위한 나의 가면은 "뭐든 잘해야 한다. 최고가 되어야 한다"는 욕심에 점철되어 욕심으로 가득했다. 이후 하나님을 만나 나의 존재를 깨닫고, 주님의 사랑을 만나서 존재감을 회복하게 되었다. 그 후 관계의 어려운 문제들이 회복되었다. 이 경험은 나의 참 자아가 하나님 형상인 원형임을 깨닫게 되는 데서부터 해결되었다. 주위에 성격장애로 인해 인간관계의 어려움을 호소하는 영혼들을 많이 만난다. … 당신은 하나님의 사랑으로 이 땅에 태어난 존귀한 사람이라고 알려줘야겠다. … 당신은 하나님의 유전자(DNA)를 가진 존귀한 존재입니다." 필자가 만난 한 선교사는 다음과 같이 외친다.

> "거절과 트라우마와 어둠 속에 영혼을 잃었던 사람도 자신의 참 자아가 하나님의 형상임을 깨닫고, 자신의 원형인 그리스도를 바라볼 때, 성령 안에서 그의 형상을 이루어 가며 온전한 자신을 찾는다!"

제5장 • 하나님 영광의 찬송인 나

하나님의 영광은 생생하게 살아있는 한 사람을 통해 나타난다. – 이레네우스

"이는 우리가 그리스도 안에서 전부터 바라던 그의 영광의 찬송이 되게 하려 하심이라."(엡 1:12)

어느 날 로스앤젤레스에서 텔레비전을 통해 비춰주는 한국의 남해 산 딸기를 보며 "하나님 영광의 찬송"이란 시를 지었다.

남해 산길 산 딸기, 어찌나 영롱한지,
레몬 나무 꽃 망울, 어찌나 향기론지,
하나님의 형상인 나, 어찌나 빛나는지,
하나님 영광의 찬송일세.

하나님 형상과 영광인 자의 표는 기쁨과 사랑이다. 이런 자는 하나님을 마음을 다해 사랑한다.

로마에서 기차로 두시간 거리에 위치한 아시시의 성프란시스코 교회

를 방문했다.

그는 그안에 그가 사나 그가 아닌 그리스도가 사는 진정한 자아였다. 그는 세상의 빛이었다.

그를 기념하는 교회에는 성프란시스코가 입었던 누더기 옷과 그가 신었던 신발이 보존되어 있다. 플로렌스에 있는 산타크로스(Santa Croce)교회에는 그의 성흔의 옆구리에서 떨어지는 피를 막았던 띠도 있다.

필자는 그의 무덤을 만져보며 그의 가난한 마음, 자신을 텅비워 하나님만을 사랑하는 마음, 깨끗한 마음, 순결한 마음을 본받기를 원했다. 그의 청결한 마음, 그리스도 예수의 마음을 나도 품게되기를 기도했다.

14세기의 한 성화를 보면 아시시의 성프란시스코가 십자에 달려 옆구리에 피를 흘리고 있는 예수님 발아래에서 무릎을 꿇고 그리스도를 올려다보고 있다. 또한 십자가 앞에서 기도하는 그의 손에는 예수님의 성흔이 나있다.

하나님을 사랑하는 자에게는 그 몸에 그리스도의 흔적이 보인다. 하나님의 영광의 찬송인 자에게 하나님은 언제나 일 순위가 된다. 맨 마지막에 찾는 존재가 아니라, 맨 처음에 찾는 나의 전부의 전부가 되신다.

하나님을 영화롭게 하는 자는 길에서 마주친 낯선 사람의 얼굴을 보면서도 그 사람이 자신의 형제자매임을 알아볼 수 있다. 이런 자는 하나님 아버지를 진정 사랑하고 이웃을 자기 몸 같이 사랑한다.

또한 성령의 기름부음을 받아'가난한 자에게 복음을 전하고 포로 된 자에게 자유를, 눈 먼 자에게 다시 보게 함을 전파하며 눌린 자를 자유롭게 하고 주의 은혜의 해를 전파한다.'(눅 4:17-19)

'하나님의 영광인 나'의 심중에는 주의 법이 기록되어 있어 하나님의 뜻 행하기를 즐긴다.(시 40:8) 주의 말씀 안에서 살아나고, 고난 중에도 자신의 하나님을 기뻐한다.

노벨상 수상자 루이즈 글릭은 태어나기도 전에 언니가 죽고, 아버지를 일찍 여의게 되었다. 그녀는 자기 집 정원에 핀 눈풀꽃(snowdrops)을 보며 다시 일어서게 됨을 다음과 같이 노래했다.

> 내가 어떠했는지, 어떻게 살았는지 아는가
> 절망이 무엇인지 안다면 당신은
> 분명 겨울의 의미를 이해하리라
>
> 나 자신이 살아남으리라고 기대하지 않았었다
> 대지가 나를 내리눌렀기에
> 내가 다시 깨어날 것이라 고는
> 예상하지 못했었다
> 축축한 흙 속에서 내 몸이
> 다시 반응하는 걸 느끼리라 고는
> 그토록 긴 시간이 흐른 후에
> 가장 이른 봄의
> 차가운 빛 속에서
> 다시 자신을 여는 법을
> 기억해 내면서

나는 지금 두려운가, 그렇다. 하지만
다른 꽃들 사이에서 다시
외친다
'좋아, 기쁨에 모험을 걸자'
새로운 세상의 살을 에는 바람 속에서

또한, 그녀의 시 "야생붓꽃(*The Wild Iris*)"에서는 사망의 골짜기에서도 감사가 솟아오름을 노래한다. 깊은 슬픔이 십자가 죽음을 지나 부활의 기쁨으로 솟구침을 본다.

고통의 끝에
문이 있었어요…
내 삶의 중심에서
담청색 바닷물에 얹힌 심청색 그림자들 커다란 샘물이 솟았지요.

하나님의 영광의 찬송인 자는 빛이다. 주의 영광을 찬송하는 자는 자신을 둘러싼 어둠을 뚫고 빛으로 나온다. 먹구름 후에 소나기 오고, 소나기 후에 햇빛 나듯, 그 영혼에 하늘 영광의 빛이 비친다. 그 몸으로 하나님을 영화롭게 하는 자에게는 항상 빛으로 충만하다.

장자의 『소요유』에 나오는 얘기다. 크기가 몇천 리가 되는 물고기가 있었다. 이 물고기가 변해 새가 되는데 새의 이름은 붕이다. 붕의 등 넓이도 몇천 리가 되는지 알 수 없다. 붕이 수천 리를 활주하여 힘차게 날아오르면 그 날개는 마치 하늘을 가득 뒤덮은 구름같다. "붕이 남쪽 바다로 옮아갈 때 파도는 삼천리나 솟구치고 붕은 회오리바람을 타고 위로 구만리까지 날아오르는데 6월의 바람을 타고 간다."

신화에 나오는 아라비아의 새인 봉황은 고대인의 믿음에 따르면 천년이 지난 후 잿더미에서 솟아나는 몸의 부활을 상징한다. 이런 붕이나 봉황은 고난을 지나 영광으로, 십자가 죽음을 지나 부활생명으로 일어난 영혼을 상징한다.

『영혼의 샴페인』이라는 책을 쓴 마이크 메이슨은, 어릴 때부터 우울증을 겪으며 삶에 회의를 느꼈다. 그는 말하길 "나는 거의 평생을 불안한 경계선 우울증 상태로 살아온 신경과민의 사람이다." 20대에는 알코올중독에 빠졌다. 그러한 그가 어느 날 자신은 앞으로 90일 동안 주님 안에서 기뻐하겠다고 결단했다. 그것이 과연 가능한지를 실험해 보았다. 그 과정을 적은 것이 내 영혼의 샴페인이다. 기뻐하며 살기로 하니 실제로 기쁨이 몰려왔다. 그래서 놀랍게도 우울증이 치료되었다.

그 책에서 8살에 신경모세포종으로 죽은 제임스라는 소년은 "암 때문에 하루를 망칠 수 없다" 즉 암 때문에 이 기쁜 날을 망칠 수 없다고 하였다. 성프란시스코를 사랑했던 아시시의 칼로 아쿠티스(Carlo Acutis)는 15세의 어린나이에 백혈병으로 죽어가면서 "항상 예수님과 연합하여 있는 것, 그것이 내 인생의 계획이다"라고 했다. 이 말은 그가 예수님과 함께 살고,예수님를 위해 살고 예수님 안에서 살았던 그의 짧은 생애를 나타낸다. 그는 세상을 이기고 항상 기뻐하는 삶을 살았다. 한때 노예였으나 유아인 딸과 탈출한 소저너 트루스(Sojourner Truth)는 "나는 내 삶의 빛이 내 주위의 어둠에 의해 결정되는 것을 허락하지 않을 것이다"라고 말했다.

"진짜 나"는 자기 삶에 어떤 비극과 고통이 있더라도 오히려 하나님을 기뻐하고, 찬양한다.

장정자 시인은 태어난 지 백일도 안 되어 아버지가 돌아가셨다. 오빠들은 하나밖에 없는 여동생인 그녀를 친구들에게 식모라고 소개했다. 장 시인이 6살쯤 살던 마을을 덮친 천연두로 친구 7명이 세상을 떠나고 그녀 혼자 살았다. 그녀는 이제야 왜 자신이 살아있는지를 하나님의 섭리 안에서 깨닫게 된다고 하였다.

그녀가 어렸을 때는 버려진 아이같이 흙으로 배를 채웠다. 울며불며 평생을 살아온 그녀는 자기의 시집 『한사코 꽃은 피고』에서 다음과 같이 노래한다.

울면서 웃는 걸 아는가
세월이 허망해서 울고,
내 심장에
크고 놀라운 신이 계심으로
나는
웃을 수 있다.

그렇지 않았다면

벌써 숨 막혀 죽었을 것이기에

필자가 만난 한 대학원생은 어떻게 하나님께 영광의 찬송을 드릴 수 있었는지, 다음과 같이 말한다.

한때 사립 초등학교 1학년의 교사로 일하던 어느 날이었다. 잠시 아이들의 자유시간에 한 아이가 내 책상 앞으로 다가오더니 "김 선생님, 별일 없으세요?" 하고 걱정스러운 얼굴로 물어보았다. 순간 멈칫 놀랐다. 아무 생각도 없이 아이들의 숙제를 점검하고 있었을 뿐인데 그 아이는 근심스러운 얼굴로 나에게 물어보는 것이었다. 살짝 웃어주며 아무 것도 아니라고 대답해 주었지만 아무 생각도 하지 않았던 나의 얼굴에 어두움이 있었던가 하는 생각을 떨칠 수가 없었다. 무엇보다 예수님을 모시고 살아가면서 스스로 평안하다고 여기던 자신에게 갑자기 심각한 자문을 하지 않을 수 없었다. '과연 나는 주님 안에서 참 평안과 기쁨을 내 안에 소유하고 있는가?' 물론 당시의 환경은 어렵고 혼란하던 시기였다. 주님이 동행하심을 자기에게 주입하며 인내하려고 몸부림치고 있었으며 그런데도 기쁨으로 신앙생활 하는 것 같은 겉모양을 하고 있었던 것이었다.

많은 시간이 지나고 겹겹이 나 자신을 둘러싼 거짓 자아의 고집과 교만과 우유부단과 미움과 용서하지 않는 모든 것들이 부서져 나가는 아픔들 가운데 깨어진 틈 사이로 예수 그리스도의 영광의 빛이 스며들기 시작했다. 주님은 내 안에서 내 원형인 그리스도의 형상 안에 있는 나를 보여주시기 시작했다.

어느 날 집 앞 화단에 참으로 예쁜 나비 한 마리가 날아가는 것에 시선이 멈췄다. 나도 모르게 '아! 참 예쁘네'라고 혼잣말하는 순간 내 안에 큰 울림이 들려왔다. '나는 너를 이보다 더 아름답게 만들었단다!' 그 웅장한 울림에 나는 눈물을 터트리고 말았다. 얼마나 존귀하고 아름다운 '나'란 말인가!

그녀가 섬기는 선교 기관의 목사님은 한쪽 눈이 장애다. 장애를 가지고 태어나서 얼굴이 전체적으로 일그러지고 한 쪽 눈이 돌출되었고 시력도 책을 눈앞에 가까이 대고서야 간신히 읽을 수 있는 정도다. 어느 지인의 소개로 조선족 유학생과 결혼을 하게 되었는데, 안타깝게도 아이도 장애인으로 태어났다. 아내는 키도 아주 작고 왜소했는데, 아이까지 수술을 여러 번 감행해야 하는 큰 아픔들을 겪어야 했다. 얼굴에는 기쁨도 없이 어둡고 무거움이 짓누르고 있는 것이 곁에서 보기에도 안타깝고 안쓰러웠다. 게다가 사모님이시니 주님의 위로, 평안 이런 단어를 그 앞에서 꺼내기도 어려운 지경이었다. 어느 날 우연히 함께 차를 타고 이야기를 나눌 기회가 있었다. 그리고 사모님에게 날아가는 나비를 보았던 그리고 주께서 나를 얼마나 아름답고 소중히 여기시는지 말씀하셨던 그 순간의 이야기를 들려주었다. 주님의 눈은 나를 포함하여, 사모님과 딸아이도 얼마나 아름답게, 귀하게 여기시는지를 나누었다. 차 안에서 내내 눈물을 그치지 않던 사모님의 얼굴은 눈물을 말끔히 닦고 차에서 내릴 때 해같이 빛나고 있었다!

몸은 불구이고 말은 어눌하더라도, 성령이 그 안에 내주하는 사람은 그 눈에서 하늘의 빛이 흘러나온다.

시편 기자는 자신을 만들어주신 하나님을 진정으로 기뻐하며 찬송했다.

> "주께서 내 내장을 지으시며 나의 모태에서 나를 만드셨나이다. 내
> 가 주께 감사하옴은 나를 지으심이 심히 기묘하심이라 주께서 하시
> 는 일이 기이함을 내 영혼이 잘 아나이다. 내가 은밀한 데서 지음을
> 받고 땅의 깊은 곳에서 기이하게 지음을 받은 때에 나의 형체가 주
> 의 앞에 숨겨지지 못하였나이다. 내 형질이 이루어지기 전에 주의
> 눈이 보셨으며 나를 위하여 정한 날이 하루도 되기 전에 주의 책에
> 다 기록이 되었나이다. 하나님이여 주의 생각이 내게 어찌 그리 보
> 배로우신지요 그 수가 어찌 그리 많은지요. 내가 세려고 할지라도
> 그 수가 모래보다 많도소이다 내가 깰 때에도 여전히 주와 함께 있
> 나이다."(시 139:13-18)

하나님은 우리를 그의 희생적 사랑으로 만들어주셨고, 상호 사랑의
교제 안에서 존재하게 해 주셨다. 세례 요한은 참수되어 순교하면서도
하나님을 사랑하며 그리스도를 증거하였다. 하나님을 참 사랑하는 자에
게 기쁨이 넘친다. 이런 자는 하나님의 영광이다.

필자는 터키 서머나(현재의 이름은 이즈미르)에 있는 폴리갑(Polycarp) 순교
기념 교회를 방문할 수 있었다. 그 교회 성전 천장에는 폴리갑이 순교하
는 그림이 그려져 있다. 폴리갑은 사도 요한의 제자였을 뿐아니라, 부활
하신 예수님을 만난 여러 분과도 대화한 서머나 교회의 감독이었다. 그

는 로마 황제와 다른 신들에게 절하지않고, 믿음을 지켰음으로 체포되었다. 그가 순교할 때 당시 지방총독 게르마니쿠스가 재판장으로서 그에게 예수 그리스도를 부인하면 살려준다고 말하였다. 그러나 폴리갑은 '하나님은 나를 지난 86년 동안 한번도 모른다고 한적이 없었는데 내가 어찌 그를 모른다고 하겠느냐'라고 대답하며 기꺼이 순교하였다. 그가 화형대에 묶여 타는 불 속에 있었지만, 불이 그를 태우지 못하였다. 그가 박해자의 칼에 죽었지만, 화형과 칼과 죽음을 포함한 그 어떤 것도 그리스도 예수 안에 있는 자를 하나님의 사랑에서 끊을 수 없다.

초기 교부였던 이레네우스는 "하나님의 영광은 생생하게 살아있는 한 사람을 통해 나타난다"고 하였다. 그러나 요즘 많은 사람이 우울하고 불안하고 공허하다. 이는 내가 사나 내가 아닌 그리스도가 사는 진정한 자아가 없기 때문이다. 그리스도가 생명인"진정한 나"를 잃어버렸기 때문이다. 사람은 자신의 원천과 단절되면 먼지 덩어리에 불과하다.

미켈란젤로는 독신으로 살면서 그의 예술로 경외감을 심어 주었으며 생전에 그는 신성한 자(il divino)라고 불렸다. 그는 "나는 대리석 안에 있는 천사를 보았고 그가 자유로워질때까지 돌을 베어내었다."(I saw the Angel in the marble and carved until I set him free)라고 말하였다. 우리를 짓누르고 있는 죄악의 돌을 베어낼 때, 하나님 형상인 진정한 자아가 드러난다. 토저는 "죄의 형상에서 하나님의 형상으로 신자의 성질이 변하는 그 변화의 시초는 인간이 하나님의 성품에 동참할 때 회심속에서 발견된다."라고 하였다.

로마 교황청 바티칸 시스티나 예배당 천장에는 미켈란젤로가 그린 천지창조와 제단벽에 최후의 심판이 있다. 제단 전면 중심에는 창에 옆구리가 찔려 피흘리는 십자가에 달리신 예수 그리스도의 모습이 보인다. 나는 그 앞에 서서 "주님 날 사랑하사 대신 죽어주시고 날 살리셨군요!"라는 회개가 저절로 나왔다. 회개할 때 잃어버렸던 우리의 모습을 찾는다. 회개할 때 그리스도와 같은 형상으로 변화된다. 회개할 때 천국을 누린다.

바실레아 슐링크 여사는 『회개』라는 책에서 회심과 기쁨의 연결됨을 말하고 있다. 즉 하늘나라의 첫 번째 특징인 기쁨은 회개하고 통회하는 마음이다. 회개는 복음이 통과할 수 있는 유일한 문이다. 회개는 기쁨이 넘치는 삶으로 들어가는 입구이다. 회개는 용서를 얻기 위한 전제조건이며, 용서함이 있는 곳에는 구원과 기쁨이 뒤따르게 된다고 하였다.

> 죄로 죽을 수밖에 없던 우리는 그리스도로 말미암아 산 자가 되었다. 산 자는 진정한 자아로서 자신의 하나님을 기뻐한다.

토마스 머튼은 다음과 같이 말했다.

> "지상에서의 유일하고 참된 기쁨은 거짓 자아의 감옥에서 탈출하여, 모든 존재의 본질 안에 그리고 우리 영혼의 중심에 거주하며 노

래하시는 생명이신 분과 사랑으로 일치하는 일이다. …우리가 하나
님을 완전히 사랑할 때까지 세상의 모든 것은 우리에게 상처를 줄
수 있다. 가장 불행한 것은 우리가 받은 상처로 인해 죽어가는 것이
며, 그것이 무엇인지도 모르는 것이다."

우리가 우리의 생명인 그리스도와 사랑으로 하나 될 때, 그가 기뻐하
는 일을 할 수 있을 것이다. 그리고 이웃에게 작은 예수로 나타나며 사
랑의 헌신을 할 수 있을 것이다.

키에르케고르는 자신의 일기(8/1/1835)에 다음과 같이 기록했다.

"내게 있어서 내 마음에 부족한 것은 내가 무엇을 알려고 하는 것
이 아닌, 내가 무엇을 할 것인가를 명확히 하는 것이다. … 그것은
나 자신을 이해하는 것이고, 하나님이 진정 내게 하기를 바라시는
것을 발견하는 것이다. 그 일은 내게도 진리인 참 진리를 발견하는
것이고, 내가 살고, 죽을 이상(idea)을 찾는 것이다."

필자가 가르치는 한 학생은 어릴 적 자신이 어떻게 삶의 목표를 찾을
수 있었는지 다음과 같이 말한다.

나는 초등학교 때 누가 길거리에서 준 전도지를 집에 들고 와서 책상
에 올려놓고 또박또박 따라 읽으며 예수님을 영접함으로 예수님과의 첫
어설픈 만남이 시작되었다. 그 후 교회를 꾸준히 출석하면서 하나님이
얼마나 나를 사랑하시는지를 듣고 배우며 자랐지만, 하나님이 날 사랑

하시기 때문에 나는 하나님의 영광을 위해 살아야 한다는 설교와 교훈들은 늘 나에게 의문을 갖게 했다. 하나님이 날 사랑하시기 때문에 내가 하나님의 영광을 위해 살아야 한다면, 내 삶은 나를 사랑하는 사람들을 위해서 바쳐져야 할 제물 같았기 때문이었다.

그 의문을 풀지 못한 채 중학교에 올라가 어느 날, 한국 영락교회 고 한경직 목사님이 새 신자 대심방을 오셨을 때 나는 엄마 뒤에 조용히 앉아 말씀을 들었다. 목사님은 성경책을 앞에 놓으시고 옆에 있던 물컵을 손에 들고는 설명하셨다. "이 컵은 물을 따라 마시기 위해 만들어졌습니다. … 이 물컵이 만든 사람의 의도와 목적을 갖고 있듯이 우리도 우리의 창조주 하나님의 선한 의도와 목적을 따라 태어난 존재들입니다. 창조주가 의도하신 목적을 따라 살 때 하나님의 영광이 드러나는 것입니다. … "

어릴 적에 들은 말씀이라 문자적으로 정확히 기억은 나지 않지만 내용은 그런 내용이었다. 이 날은 나에게 있어서 인생의 한 획을 긋게 된 날이 되었다. 내가 사는 이유, 목적과 방향이 뚜렷해 지면서 내가 하나님의 선한 계획과 의도대로 만들어졌다는, 나 자신에 대한 고유한 가치를 발견하게 된 날이었기 때문이다.

나는 하나님이 무엇인가 분명한 뜻과 계획을 가지고 만들어 주신 사람이구나. … 그 의도에 맞는 삶을 살아야 하는 가치 있는 사람이구나. …

하나님의 영광을 위해 산다는 것이 가치 없는 내가 하나님께 볼모처럼, 제물처럼 드려져야 한다는 뜻이 아니라, 하나님이 나를 향한 사랑 안에서 계획하신 그 본연의 모습으로 살아야 한다는 뜻이라는 것을 알게된 날이었다. 나는 뒤통수에서 불이 번쩍 뜨이는 것처럼 그 말씀이 마음으로 깨달아졌다. 날아갈 것 같은 기분이 들었다. 얼마나 기쁘고 좋던지. … 아무도 내 어린 마음에 일어난 이 엄청난 사건을 알지 못한 채 짧은심방은 끝이 났지만, 그날부터 나는 하나님과의 기쁘고 힘찬 여행을 시작하게 되었다.

우리의 존재 목적은 하나님을 찬양하는 것이다. 하나님께 있어서도, 최종적이고도 가장 큰 목적은 그 자신의 영광을 감출 수 없다는 것이다. 원 빛이신 하나님은 영광으로 충만하다. 그의 눈은 불꽃 같고, 그의 얼굴은 해가 힘있게 비치는 것 같다.(계 1:16) 하나님의 영광을 찬송하는 것은 우리가 행하는 모든 일에 있어서 우리의 목적이 될 수 있어야 한다.

하나님은 우리로 그의 은혜의 영광을 찬송하게 하려고 우리를 창세전에 그리스도 안에서 자기의 아들들이 되게 하셨다.

> "찬송하리로다 하나님 곧 우리 주 예수 그리스도의 아버지께서 그
> 리스도 안에서 하늘에 속한 모든 신령한 복을 우리에게 주시되 곧
> 창세 전에 그리스도 안에서 우리를 택하사 우리로 사랑 안에서 그
> 앞에 거룩하고 흠이 없게 하시려고 그 기쁘신 뜻대로 우리를 예정
> 하사 예수 그리스도로 말미암아 자기의 아들들이 되게 하셨으니 이
> 는 그가 사랑하시는 자 안에서 우리에게 거저 주시는 바 그의 은혜

의 영광을 찬송하게 하려는 것이라."(엡 1:3-6)

우리는 그리스도 안에서 새롭게 된 '본래의 나'를 발견하게 된다.

하나님의 자녀된 자는 우연히 태어난 것이 아니다. 이 우주의 기초가 놓이기 전에 이미 그리스도 예수 안에서 선택됨을 받았다. 이는 하나님이 사랑하는 자 안에서 거저 주시는 그의 은혜의 영광을 찬미하게 하려 함이다.

우리 삶의 목적이 무엇이냐? "하나님을 영화롭게 하고 그를 영원토록 즐거워하는 것"이라고 웨스트민스터 소요리 문답에서 밝혔다.

웨인 그루뎀(Wayne Grudem)은 이를 다음과 같이 설명했다.

> 우리가 하나님은 우리를 창조할 필요가 전혀 없었다는 사실, 그리고 지금도 우리를 필요로 할 아무 이유가 없으시다는 사실을 처음 깨닫게 되면, 우리는 우리 삶이 전혀 중요하지 않다고 생각하기 쉽다. 그러나 그것은 잘못된 생각이다. 왜냐하면 성경은 우리가 하나님을 영화롭게 하기 위해 창조되었다고 말하기 때문이다. 그 말은 곧 우리가 하나님 자신에게 그만큼 중요하다는 뜻이다.
>
> 그렇다면 우리 인생 목적은 무엇인가? 우리의 목적은 하나님께서 우리를 창조하신 목적, 즉 그를 영화롭게 하는 존재가 되는 것이다. … 우리는 하나님을 즐거워하고 그 자신과 그와의 관계를 기뻐해야만 한다.47

또한 우리는 하나님의 전권대사로서 이 세상을 돌보도록 부름을 받았다. 고대 어느 황제가 자신의 통치를 위해 동전에 자신의 이미지를 새기고, 나라 전체에 자신의 형상을 세운 것처럼, 왕이신 하나님은 피조 세계의 구석구석을 지배하고 돌본다는 사실을 나타내시며 우리로 그 일에 참여하시도록 우리를 그의 작은 형상들로 세워주셨다.

고대도시인 예루살렘, 빌립보, 고린도, 라오디게아 등 모든 도시에 아고라(agora)가 있었다. 이는 정치, 경제, 문화, 종교가 집결된 시민들의 광장이다. 모든 아고라에는 으뜸 행정관이 재판하는 자리인 베마(BEMA)가 있다. 로마의 통치 아래 있던 사람들이 베마에 서서 재판장에게 심판받을 때 받은 원칙적인 질문이 하나 있었다. 그것은 무슨 죄를 지었느냐 아니냐 하는 것이 아니라, 단지 '당신은 내 편인가 아닌가?' 그것 하나이다. 사도 바울도 고린도에서 복음을 전하다가 아가야 총독 갈리오가 심판하는 베마앞에 서게 되었다.(그

림 4) 유대인들이 일제히 일어나 바울을 대적하여 법정으로 데리고 갔으나, 갈리오는 그들의 법에 관한 것이면 들을 필요도 없다고 재판하는 것을 거절했다. 그러자 무리들이 회당장 소스데네를 잡아 법정 앞에서 때리되 갈리오가 그러한 일을 상관하지 않았다.(행 18:12-15)

〈그림 4〉
사도바울이 갈리오 앞에 섰던 베마

베마의 심판대 앞에서는 폭력이나 도둑질 같은 죄들은 다루어지지 않는다. 중요한 것은 "당신은 로마와 함께 했는가 아닌가, 나를 위했는가 아닌가?"를 본다. 모든 사람이 죽어서 하나님의 심판보좌(BEMA) 앞에 서게 된다. 이때 우리가 받을 한 가지 질문은 "너는 네몸으로 하나님을 영화롭게 하였느냐 아니하였느냐?"일 것이다.

주님은 말씀하신다. "내 이름으로 불려지는 모든 자, 곧 내가 내 영광을 위하여 창조한 자를 오게 하라. 그를 내가 지었고 그를 내가 만들었느니라. 이 백성은 내가 나를 위하여 지었나니, 나를 찬송하게 하려 함이니라."(사 43:7, 21) 해가 돋는 아침에 높이 솟은 팜 트리에 파랑새가 올라가 먹이를 쪼며 쉼을 누림을 보았다. 머리에는 작은 붉은 털도 보이며 몸의 털은 푸르고도 파랗다. 두 마리의 아름다운 새가 햇살을 받으며 어떤 소프라노도 흉내내지 못할 소리로 청아하게 노래했다. 불안증이나 우울증에 걸려 근심하는 새는 없다. 새는 현재 있는 그곳에서 항상 만족한다. 새는 창공을 활활 날아오르며 온 몸으로 하나님을 찬양한다. 그리스도 예수는 말씀하신다. "공중의 새를 보라 심지도 않고 거두지도 않고 창고에 모아들이지도 아니하되 너희 하늘 아버지께서 기르시나니 너희는 이것들보다 귀하지 아니하냐."(마 6:26)

그리스도 안에서 우리가 창세 전에 택하심을 입었고, 하나님의 영원한 자녀들이 되었다. 우리의 진정한 정체성은 하나님의 자녀들이다. 이러한 '본래의 나'가 하나님을 찬송하는 것은 하나님 아버지와 예수 그리스도의 은혜의 부르심에 대한 영혼 깊은 데서 우러나오는 산울림이요.

반향이다.

하나님의 자녀는 위기와 고난 속에서도 결코 낙심하지 않고 더욱 더욱 하나님을 찬양한다. 이러한 자는 하나님의 영광의 찬송이다.

한국 전주에 사는 최집사는 고난 중에도 하나님을 최후 한숨까지 찬양했던 친구 이야기를 들려 주었다.

"친한 목사님의 딸이 저의 어릴 때 친구였는데 호스티스차 전주에 왔어요. 서울분으로 그 부모님은 이북에서 내려와 여의도 순복음교회를 개척할 때부터 현재까지 섬기는 분이었어요. 친구는 저보다 열 살 정도 많은 집사님인데 자궁암 수술을 하고, 방광으로 통하는 요도관이 녹아서 소변을 자연스레 볼 수 없었어요. 그래서 신장 두 개에다 구멍을 뚫어서 소변줄을 연결했어요. 그분은 소변통을 긴 치마 속에 차고 다니면서 이재철 목사님 백주년 기념교회를 섬겼어요. 충성을 다 했어요. 그런데 말기암이 되니까 전주에 오셨는데, 제가 아는 애들이 그분을 보고 "날개 집사님"이라고 했어요. 소변줄이 날개라고. 왜냐하면 뒤에서 두 줄이 나오니까.

결국은 그분이 나중에 패혈증이 와서, 세브란스 병원에 입원했는데…. 그렇게 아픈 중에도 예배를 빠지지 않고 드렸어요. 한번 물어보았어요. '하나님이 원망스럽지 않냐?' 그녀는 대답하기를, 어느 날 꿈인지 잘 모르겠지만, 환상 중에 예수님이 십자가에서 온통 피에 젖어서 그 모습이 보이는데 '내가 너를 이만큼 사랑한다'는 말씀이 가슴에서 들렸다는 거예요. 그래서 '나는 예수님을 원망할 수 없었다'라고 하더라고요.

실제로 그녀의 삶은 고통 중에서도 감사로 넘쳐나 제게도 많은 감동을 주었어요. 그러면서 그분은 하나님께로 돌아가셨어요."

그 분이 천국문에 들어갔을 때, 하늘의 천군천사가 부르는 할렐루야 영광의 찬양이 울려 펴졌을 것이다.

하나님의 영광을 드러내는 삶은 고난의 물결이 덮칠 때에도 오히려 더욱더 주님을 찬송한다. 이러한 자의 얼굴은 아무리 자신이 감추려 해도 주님의 영광을 비춰주는 거울이 된다.

사람은 자신의 노래로 자신의 본질이 무엇인가를 나타낸다.

요셉의 정혼 자 마리아는 "만세에 나를 복이 있다 일컬으리로다"라고 노래했더니 그대로 되었다.

성령은 우리의 애가를 찬가로 변화시켜 주신다. 누구든 애가를 부른 사람은 주안에서 찬가를 부를 수 있다. 마리아는 짓눌리고 우울한 노래를 불렀던 처녀로 보인다. 그런데 하나님께서 그녀에게 찾아오셔서 그녀의 슬픈 노래를 기쁜 노래로 영원히 바꾸어 주셨다.

내 영혼이 주를 찬양하며
내 마음이 하나님 내 구주를 기뻐하였음은
그 계집종의 비천함을 돌아보셨음이라.

그녀의 노래는 입술로만 부르는 것이 아니다.

'내 영혼이 주를 찬양하며, 내 마음이 내 구주를 미칠 듯이 기뻐하였다'고 했다. 기쁨에는 슬픔이 전혀 없는 것이 아니다. 사도 바울은 "근심하는 자 같으나 항상 기뻐하고"(고후 6:10)라고 하였다. 어거스틴은 그리스도 안에서 넘치는 기쁨을 말하며, 오직 "당신 안에서 당신에게 그리고 당신 때문에" 기쁘다고 하였다.

> "주께서 생명의 길로 내게 보이시리니 주의 앞에는 기쁨이 충만하고 주의 우편에는 영원한 즐거움이 있나이다."(시 6:11)

필자가 20대 초에 군 복무를 할 때였다. 무료한 때는 기타를 치며 "주 안에서 항상 기뻐해. 우리 항상 기뻐해"라는 찬양을 불렀다. 주를 찬양하니 내 영혼에 기쁨이 넘쳐났다. 항공학교 교관으로서 수업을 마치고 울적한 마음으로 길을 걸을 때 신기하게도 여호와를 기뻐할 때, 영혼 깊은 곳에서 힘이 샘솟았다. 필자가 군생활 16년을 마치고 제대했을 때, "기쁨"이라고 쓰여진 액자를 선물로 받았다. 그 긴 군생활 동안 나를 지탱시켜 준 것도 주님 주시는 기쁨이었다.

사도 바울도 우리에게 권면한다. "마지막으로 말하노니 형제들아, 기뻐하라 온전하게 되며 위로를 받으며 마음을 같이하며 평안할지어다. 또 사랑과 평강의 하나님이 너희와 함께 계시리라."(고후 13:11)

어느 날 수요 성경공부를 인도하는데, 갑자기 내 영혼 깊은데서 성령으로부터 나오는 기쁨이 강물처럼 넘쳐 흘렀다. 순간 아무런 불평도 없이 마치 용광로에서 모든 불순물이 빠져나간 정금같이 되어 내 영혼은 하나님을 기뻐하였다. 그리스도 안에서 우리는 '머리부터 발 끝까지 할렐루야'가 된다.

"무릇 시온에서 슬퍼하는 자에게 화관을 주어 그 재를 대신하며, 기쁨의 기름으로 그 슬픔을 대신하며, 찬송의 옷으로 그 근심을 대신하시고 그들이 의의 나무 곧 여호와께서 심으신 그 영광을 나타낼 자라 일컬음을 받게 하려 하심이라."(사 61:3) 이것은 그리스도 안에서 그로 말미암아 이루어진다.

시편 기자는 다음과 같이 결심했다.

> "내가 평생토록 여호와께 노래하며 내가 살아 있는 동안 내 하나님을 찬양하리로다. 나의 기도를 기쁘게 여기시기를 바라나니 나는 여호와로 말미암아 즐거워하리로다."(시 104:33-34)

시편 기자의 말을 필자의 어조로 옮겨보면, 다음과 같다.

> '내가 살아 있는 동안 끊임없이 여호와께 노래하며, 마지막 한숨까지도 내 하나님을 찬양하리로다. 내 생각을 기쁘고 달콤하게 여기시기를 바라나니, 나는 여호와로 인하여 항상 기쁘고 즐거워하리로다.'

로마 칼리스토의 지하묘지 카타콤에는 3세기에 순교한 음악 수호성인 성 세실리아 동상이 그녀의 무덤 안에 있다. 로마의 고귀한 가문출신인 그녀는 궁중에서 노래하는 음악인이었는데 예수 그리스도를 신실히 섬겼다. 그런 이유로 그녀는 칼로 목의 일부가 베어져서 말을 하지 못하게 되었다. 그렇지만 그녀는 손으로 의사 표시를 하였는데, 한 손은 세

손가락을 펴고 다른 손은 한 손가락을 폈는데, 이는 성부성자 성령 세 분은 한분 하나님이라는 그녀의 신앙고백이기도 하다. 동상 옆 벽에는 기도하는 세실리아의 모습이 그려져있고, 아래에는 복음을 들고있는 그 리스도를 나타내는 프레스코화 초상이 선명하게 보인다.

마음과 목숨 다해 하나님을 사랑하고 증거하며 죽음까지도 두려워 하지 않고 그리스도 안에서 그로 인하여 항상 기뻐하는 삶을 사는 것이 진정한 그리스도인의 표가 된다. 놀라운 것은 수백년이 지나고 성세실리 아의 시신이 있는 관을 열게 되었을 때, 그녀의 시신이 상하지 않고 그대 로 보존되어 있었다고 한다.

필자가 만난 옥련 씨는 결혼한 지 8년, 32살의 젊은 나이에 남편을 잃 었다. 혼자 어린 아이 셋을 데리고 살아야 했다. 절망이 눈앞을 가려 그 어떤 말도 위로가 되지 못했다. 그때 그녀는 처음으로 자신을 붙드는 성 경구절을 만났다.

> "두려워하지 말라. 내가 너와 함께 함이라 놀라지 말라. 나는 네 하 나님이 됨이라. 내가 너를 굳세게 하리라 참으로 너를 도와주리라. 참으로 나의 의로운 오른손으로 너를 붙들리라."(사 41:10)

그녀가 이 구절을 읽고 펑펑 울면서 하나님께 의지하는 기도를 시작 했다. 기도하고 나면 마음의 슬픔이 낮아지고 여섯 눈망울의 아이들이 눈에 들어오기 시작했다. '그래, 나는 혼자가 아니야. 사랑하는 남편과 낳은 나의 분신인 아이들이 있어. 이 아들의 눈에 눈물이 흐르지 않도록 내가 책임을 져야 해. 그러므로 살아내야 한다'라고 다짐했다. 순간 '참된 생각이 내 안에, 내 생각과 마음 안에 거하면 하나님이 함께 하신다는 것이 이처럼 힘이 될 줄이야'라고 말했다.

주님은 "의인을 위하여 빛을 뿌리고 마음이 정직한 자를 위하여 기쁨을 뿌리시는도다."(시 97:11) 옥련 씨는 다음과 같이 말을 맺는다.

> "믿는 자는 기쁨이 있다는 점에서 보통 사람들과는 다르다고 할 수 있다. 우리 마음 속에 주님으로 인한 기쁨이 전혀 없다면, 믿음이 없다는 증거가 될 수 있다. 감사함으로, 찬양과 기도로, 주님을 경배하며, 자신을 낮추고, 기꺼이 이웃을 사랑하며 사는 것, 나를 가려주던 거짓된 위선과 욕심을 내려놓고 조금 가난하고 못생기고 모자라도 주님 때문에 부끄러워하지 않고 세상을 살아갈 수 있음에 감사한다 … 하나님의 형상이 새겨진 나는 하나님의 것이다."

역경 가운데서도 그리스도의 형상을 이루어가는 삶에는 빛과 기쁨이 충만하다. 하나님은 우리로 얼굴을 들게 하신다.

우리는 머릿돌 기초석인 그리스도로부터 나온 산 돌들이다.

어느날 오후, 마음이 지쳐 있을 때였다. 자전거를 타고 동네 뒷산에 올랐다. 산 입구에 닿으니 흰 돌과 녹색 돌이 땅 표면에 박혀 있었다. 그

돌들을 보는 순간, "너는 산 돌"이라고 주님은 나를 깨우쳐 주셨다. 풀과 같고 재 같은 인생인 줄 알았는데, 하나님은 나를 향해 "너는 영원한 산 돌"이라고 알려 주셨다.

돌은 추위와 더위, 폭풍우와 불에도 초연하다. 이러한 돌은 세상을 이긴다. 자연에 있어도 자연을 초월한다. 이 돌은 그리스도의 성품을 드러낸다. 돌을 볼 때 메마른 영혼에 생기가 돌았고, 힘이 솟아났다. 그 순간 나는 성령 안에서 보배로운 산 돌, 그리스도를 닮은 작은 산 돌로 거듭났다.

> 부활이요 생명인
> 보배로운 산 돌 안에서
> 내 죽은 돌 살아나
> 빛나는 산 돌 되었네.

나의 묘비명은 다음과 같이 쓰면 좋겠다.

"산 돌 권오균, 하나님 영광의 찬송."

필자가 만난 최희성 씨는 하나님 안에서 슬픔이 변하여 춤이 되는 것을 경험했다. 그녀는 말했다.

"나는 마흔이 넘은 나이에 임신하고 8개월에 사산을 경험했다. 5개월에 양수검사를 통해 유전자에 이상이 있음을 알았다. 그러나 유산을 권유하는 의사의 말보다 하나님을 의지하여 끝까지 믿음으로 나아가기로 결심을 했다. 그 임신기간이 내 일생을 통틀어 가장 하나님과 가까웠던, 충만했던 임재의 시간이었다. 부정적인 진단을 받았어도 흔들리지 않았고, 주께서 모든 것을 함께 하시리라는 것을 알았다. … 결국 나는 사산을 하였고…. 아이를 사산했을 때, 나는 더 이상 하나님을 믿지 못하겠다고 생각했다. 그러나 다음 순간 왈칵 눈물이 쏟아지면서 더 이상 주님 없이는 살아갈 수 없는 나 자신을 발견하게 되었다. 주님은 선택이 아니라 이미 나의 모든 것이었고, 주님이 없이는 텅 빈 채로 뒹굴게 될, 아무것도 아니게 된 나 자신을 발견하게 되었다. 사람들은 아이를 잃은 슬픔에 운다고 생각했겠지만, 나는 온몸을 타고 흐르는 기쁨의 전율에 울고 또 울었다."

오직 하나님 안에서 나는 나를 찾는다. 내 영혼은 오직 그 안에서 살고 존재하고 행동한다. 그의 영원한 사랑 안에서 나는 기뻐 뛴다. 그리스도 안에 우리의 진정한 자아가 발견된다. 상실과 슬픔, 트라우마로 고통받던 영혼은 거룩하신 주 안에서만 쉼을 얻고 온전하게 된다. 그는 우리의 고난을 보시며 환난 중에 있는 영혼을 돌보신다. 그를 사랑하는 자는 영광 중에 그의 형상을 이루어 가며 치유 변화된다.

"얻어맞고 죽임을 당한 영혼도 다시 살며, 새로운 자유의 기쁨을 느끼고 감사의 증거로서 찬양과 감사가 쉬지 않고 솟아난다."(Berleburg Bible)

모든 생명의 이치는 춤을 춘다. 태풍 앞에서 나무는 춤을 추면서 깊게 뿌리내리고 더 높게 자란다. 우리는 하나님의 얼굴을 마주 보며 영원한 사랑의 춤을 춘다. 진정한 춤은 자기를 포기하고 우리의 중심이신 그리스도께 나아와 그가 인도하는대로 청종하는것이다. 진정한 춤은 하나님의 은혜에 감동하여 눈물 흘리며 내 몸을 그에게 드리는 것이다. 주님이 이러한 내 손잡아 주시며 사랑의 스텝을 밟는다. 내 안에서 나오는 리듬을 따라 내 영이 성령과 함께 춤을 춘다. 그를 기뻐하며 함께 춤을 출 때 우리는 하나님의 빛나는 자녀로 나타난다.

> "주께서 나의 슬픔이 변하여 내게 춤이 되게 하시며 나의 베옷을 벗기고 기쁨으로 띠 띠우셨나이다."(시 30:11)

성령과 하나 된 우리의 영은 그의 손을 잡고 끝없는 사랑의 춤을 춘다. 하나님은 마주한 우리를 보시며 기쁨을 이기지 못하여 하신다. 우리가 주의 영 안에서 주의 얼굴을 보며 그와 같은 형상을 이루어 갈 때, 모든 상처는 아물고 온전케 된다.

벌은 일하러 갈 때 춤을 추고, 대화할 때 춤을 추고, 집으로 돌아올 때도 춤추니 벌의 꿀은 달다. 주님의 손을 잡고 벌과 같이 춤을 추면서, 우리는 빛나는 하나님의 자녀로 나타난다.

이 춤은 주님 사랑의 발로,
이 춤은 내 영혼의 노래,

이 춤은 내 몸에 그리스도 형상의 발현,

이 춤은 온몸으로 부르는 하나님 영광의 찬양.

"우리가 다 수건을 벗은 얼굴로 거울을 보는 것 같이 주의 영광을
보매 그와 같은 형상으로 변화하여 영광에서 영광에 이르니 곧 주
의 영으로 말미암음이니라" (고후 3:18)

"호흡이 있는 자마다 여호와를 찬양할지어다 할렐루야"(시 150:6)
"우리는 이제부터 영원까지 여호와를 송축하리로다 할렐루야"(시
115:18)

미주

1 루이즈 글릭, 「아라라트 34」 번역 양균원 교수.

2 두란노 목회자료, 578p.

3 Kierkegaard, S. *The Sickness Unto Death*, Princeton University Press, 1941, p. 29. Quoted in Carl Rogers, *On Becoming A Person*, (Boston: Houghton Mifflin Company, 1961), p.166.

4 James Loder, *The Transforming Moment*, (Colorado Springs: Helmer & Howard, Publisher, Inc., 199), 143, 166.

5 에두아르트 투르나이젠(Eduard Thurneysen) 지음, 손성현 옮김, 김진혁 해제, 『도스토옙스키』, (서울: 포이에마, 2018), 19-21.

6 Soren Kierkegaard, *The Sickness unto Death*, (Wisconsin: Wiseblood books, 2013), 30.

7 Soren Kierkegaard, *The Sickness unto Death*, 55-56.

8 William Stafford, Edited by Robert Bly, *The Darkness Around Us Is Deep*, (NY: Harper Collins, 1993), p. 135. (If you don't know the kind of person I am/ and I don't know the kind of person you are/ a pattern that others made may prevail in the world, and following the wrong god home we may miss our star)

9 "Of course no shadow can exist without the presence of light. That's why you have to give birth to your true self, the self that won't be a shadow, the self substantial enough to exist…It's replica, not your true self, that can't withstand the Dark! It's impossible to create a living truth out of a lie."(Susan Howatch, Mystical Path, 322)

10 Georges P. Fedotov, ed. *A Treasury of Russian Spirituality*, New York: Sheed & Ward, 1948. 인용:루이스두프레 외, 『기독교 영성(III)』, 엄성옥, 지인성 옮김, (서울:은성, 2001), p.596.

11 맬죠리 홉스 지음, 김의자 옮김, 하나님, 『나는 누구입니까』, 보이스, 1978, 306.

12 "The Quest for con-[trans]-formation is the quest to find our truest identity in Christ."

13 찰스 R. 솔로몬 지음, 김우생 옮김, 『영적치유의 핵심』, 나침반, 2001, p.175.

14 John Wesley, *A Plain Account of Christian Perfection*, (Missouri: Beacon Hill Press of Kansas City, 1966), p. 28. 권오균, 내게 새겨진 하나님의 형상 참 자기에서 인용.

15 M. Basil Pennington, *True Self, False Self*, (NY: A Crossroad book, 2000), pp.39-40.

16 헨리나우웬, 예수님의 이름으로, 두란노 1998, 20

17 J. B. Lightfoot, *Colossians and Philemon*, (IL: Crossway Books, 1997), pp. 72-73.

18 Martha Robbins, "The Desert-Mountain Experience: The Two Faces of Encounter with God," *The Journal of Pastoral Care*, March 1981, Vol. XXXV, No.1, p. 35. 인용, 권오균, 『내게 새겨진 하나님의 형상 참자기』(서울:예영 출판사, 2007)

19 C.W. 9/2, p.189.

20 St. Thomas Aquinas, *Summa Theologiae*, 1989, p. 85.

21 John Calvin, Edited by Tony Lane and Osborne,*The Institutes of Christian Religion*, (Grand Rapids, Michigan: Baker Book House, 1993), 21. "our very being is sustained by God alone."

22 J. J. Stamm/Z. Ben-Hayyim/B. Hartmal111/Ph. H. Reyillond, Hebriiisches 111d Aramaisches Lexicon zum Altm Testament, Liefenmg N(Leiden : E. J. Brill, 1990), 1117-1121 : 참조 W. L. Holladay, 『구약성경의 간추린 히브리어, 아람어 사전』, 손석태, 이병덕 공역 (서울: 도서출판 참말, 1994), 446-447. 인용, 차준희 논문에서.

23 사람의 영은 하나님으로 부터 왔기에 우리의 영은 주신 분께로 돌아가고, 세상을 떠날 때, "내가 나의 영을 주의 손에 부탁 하나이다."(시 31:5)라고 기도할 수 있다. 우리의 영은 사나 죽으나 그리스도의 손에 있다. 한편, 영은 보이지 않는 실재이기 때문에 바람이나 생명의 숨에 비유된다.

24 구약에서 성령이 삼위 가운데 한 분 하나님이라는 사실이 드러난 것은 아니지만, 역시 하나님의 성령의 역사가 있었다. 제임스 패커는 그의 책 『성령을 아는 지식』에서 "하나님의 삼위일체는 영원한 사실이지만, 오직 그리스도를 통해" 알려 졌다고 하였다. 제임스 패커 지음, 『성령을 아는 지식』, (서울:홍성사, 2002), 82.

25 "나는 처음이요 나는 마지막이라 나 외에 다른 신이 없느니라."(사 44:6) "나는 알파와 오메가요 처음과 마지막이요 시작과 마침이라."(계 22:13) 여기서 "처음."(protos) 과 "시작."(알케, Arche)이라는 말은 곧 그리스도를 칭한다. 이 처음 또는 시작이라는 말에 유형(tupos)을 더하면(Protos + type; Arche + type) 원형(Prototype 또는 Archetype)이 된다.

26 Clinton E. Arnold, *Ephesians: Power and Magic* (New York, N.Y.: Cambridge University Press, 1989), p.47. 인용: 케이 아더 저, 김경섭외 역, 영적전투, (서울:프리셉트, 2002), p. 21.

27 Jurgen Moltmann, *The Spirit of Life*,(Minneapolis: Fortress Press, 1992), p. 26. 인용, 권오균, 『내게 새겨진 하나님의 형상 참자기』(서울:예영 출판사, 2007)

28 도스토옙스키의 작품에서 신학적 고찰을 한 에두아르드 투루나이젠(Thurneysen)의 용어.

29 Kelsey, *Christo-Psychology*, p. 135, p.138

30 Morton Kelsey, *Christo-Psychology*, (NY:Crossroad, 1982), p. 92.

31 오늘의 양식, 7/23/20.

32 Paul Tillich, *Systematic Theology*, Vo. 2. P.90. 김경재, 폴 틸리히 신학연구, 89.

33 Emile Cailliet, *Journey into light*, Zondervan Publishing house, 1968. 11-20.

34 이블린 언더힐, 『사도 바울의 영성과 신비주의』, pp.71-72.

35 리차트 로어 지음, 김준우 옮김, 『오직 사랑으로』, (한국기독교 연구소, 2020), 263.

36 Ibid, 269.

37 E. Cassirer, *An Essay on Man* (Yale: New Heaven, Conn., 1944), 26. 김경재, 폴 틸리히 신학연구 에 인용.

38 칼 아리코, 『센터링 침묵기도와 관상여행(*A Taste of Silence*)』, (은성, 2015), 39.

39 John Calvin, *The Institutes of Christian Religion*, I. Xv. 3.; I, III. 19.

40 드이트리히 본훼퍼 지음, 허혁 옮김, 『나를 따르라』 (서울: 대한기독교서회, 1965), 292.

41 권오균 지음, 『내게 새겨진 하나님의 형상 참자기』 (예영, 2007), 154.

42 Soren Kierkegaard, *The Sickness Unto Death*, (Wisconsin: Wiseblood books, 2013), 30.

43 Arndt & Gingrich, *A Greek-English Lexicon of the New Testament and other Early Christian Literature*, Second Edition, (Chicago and London: The University of Chicago Press, 1979), p.340.

44 알리스터 맥그라스의 『내 영혼의 자서전』에서 인용-(280), Angelus Silesius, *Der cherubiniscger Wandersmann*, I. pp.61~63.

45 Ibid, p. 9.

46 장 피에르 드 코사드 지음, 엄성옥 옮김, 『자기포기』, (서울: 은성, 2002), 116.

47 Wayne Grudem, *Systematic Theology*, chapter 21 (미출판) 게리 콜린스, "기독교 상담의 성경적 기초", p. 146에 인용.